Jeannette Bragger & Donald Rice

The Pennsylvania State University

Hamline University

ON Y VA!

PREMIER * NIVEAU

Le français par étapes

Student Workbook

HH HEINLE & HEINLE PUBLISHERS, INC.
Boston, Massachusetts 02116 USA

TEXT PERMISSIONS

p. 47 "On roule . . . sur deux roues" from *La France j'aime,* Hatier, 1985; p. 51 "Petites Annonces" from *Podium-Hit,* Vol. 148; p. 67 "Guichard, Hallyday, Dave and Lenormand" photos and descriptions from *A la carte,* Bougard and Radden, Mary Glasgow, Publications, Ltd, London, 1982; p. 127 "Le métro . . . il est rapide" from *La France j'aime,* Hatier, 1985; p. 139 "Taxis parisiens" from *La France j'aime,* Hatier, 1985; p. 153 "Henri Leconte" text and photo from *Ça va,* Vol. 23, No. 2, nov. 1987; p. 155 "Geraldine et Sandrine aux Halles" text and photos from *Ça va,* Vol. 23, No. 2, nov. 1987; p. 159 "Sainte Chapelle" text adapted from *Paris (les petits bleus),* Hachette, 1984; p. 163 "L'Arc de Triomphe" text adapted from *Paris (les petits bleus),* Hachette, 1984; p. 166 Paris Cable from *Ville de Paris,* Association pour l'information municipale; p. 169 "Descendons dans les égouts" text adapted from *Paris (les petits bleus),* Hachette, 1984; p. 181 "Clafoutis aux pommes" recipe from *A la carte,* Bougard and Radden, Mary Glasgow, Publications Ltd, London, 1982; p. 209 "Ah, Paris la nuit!" text from *Journal français d'Amerique,* Vol. 10, No. 7, 25 mars–7 avril, 1988.

Publisher: Stanley J. Galek
Editorial Director: Janet L. Dracksdorf
Assistant Editor: Julianna Nielsen
Production Coordinator: Patricia Jalbert
Project Management: Spectrum Publisher Services
Production Editor: Barbara Russiello
Manufacturing Director: Erek Smith
Art Direction and Design: Marsha Cohen/Parallelogram
Photographer: Stuart Cohen
Illustrator: Jane O'Conor
Illustration Coordinator: Len Shalansky

Manufactured in the United States of America.

ISBN 0-8384-1616-0

10 9 8 7 6 5 4 3 2 1

Printed in the United States of America.

Table des matières

Unité première

On prend quelque chose

Planning Strategy

You are tutoring a French exchange student at your school in English. Answer the student's questions (in English) by suggesting some useful words, phrases, and expressions.

1. If I want something to eat or drink after school, where should I suggest to other students that we go? There aren't any cafés here, are there?

    _____

    _____

    _____

2. When we get there, what do I say when I order something to eat or drink?

    _____

    _____

    _____

3. What do I say when I run into some students I know on the street? How do I greet them?

    _____

    _____

    _____

4. What do I say when I am introduced to a teacher or to someone's parents?

    _____

    _____

    _____

5. How do I make an introduction? Does it depend on who the person is?

    _____

    _____

    _____

1

Allons au café!

Lexique

Pour se débrouiller

Pour saluer

Bonjour.
Salut.
Comment ça va?
Ça va (bien)?

Pour répondre à une salutation

Bonjour.
Salut.
Ça va (bien).
Pas mal.

Pour prendre congé

Au revoir.
Allez, au revoir.
À bientôt.
À tout à l'heure.
Salut.

Pour faire une présentation

Je te présente...

Pour commander

Je voudrais...
Je vais prendre...

Pour être poli (polite)

S'il vous plaît.
Merci (bien).
Je vous en prie.

Thèmes et contextes

Les boissons

un café
un café au lait
un café-crème
un chocolat
un citron pressé
un Coca
un diabolo citron (fraise, menthe)
un express
un lait fraise
une limonade
une menthe à l'eau
une orange pressée
un Orangina
un thé citron
un thé au lait
un thé nature

Le déjeuner

un croque-monsieur
un croque-madame
une omelette aux fines herbes
    au fromage
    au jambon
un sandwich au fromage
    au jambon
    au pâté

Vocabulaire général

Verbes

chanter
danser
désirer
étudier
habiter
manger
parler
voyager

Adverbes

assez
beaucoup
bien
mal
un peu
rarement
souvent
très peu

Autres expressions

aussi
moi
n'est-ce pas?
toi

Première étape (p. 5 – p. 9)

Révision

The indefinite article **un, une**

un garçon	**une jeune fille**
un café	**une limonade**

A. **Lisons!** *(Let's read!)* Pick a drink for yourself and each member of your family and list them below.

```
                        BOISSONS

CAFÉ ..................................................  5,25
CAFÉ-CRÈME .......................................  12,00
THÉ NATURE .......................................  12,00
THÉ CITRON .......................................  12,00
COCA COLA ........................................  12,00
ORANGINA .........................................  14,00
LIMONADE .........................................  12,00
LAIT FRAISE ......................................  10,00
DIABOLO CITRON ...................................  10,00
MENTHE À L'EAU ...................................  10,00
```

une limonade _____   _____

_____   _____

_____   _____

_____   _____

_____   _____

B. **Vous désirez?** You are seated in a café. When the waiter comes over, you order the following beverages.

1. *Un thé citron, s'il vous plaît*   2. _____   **3**

3. _____

4. _____

5. _____

6. _____

7. _____

8. _____

C. **Au café.** Two young friends go to a café. They talk about what they want to drink, then one of them calls a waiter and orders. Write a five- or six-line conversation dealing with this situation.

ANNE: — Je voudrais une limonade, et toi?

ROBERT: — _____

ANNE: — _____

GARÇON: — Vous désirez, Mademoiselle?

ANNE: — _____

GARÇON: — Et vous, Monsieur?

ROBERT: — _____

GARCON: — Voilà. . .

4

Deuxième étape (p. 10 – p. 16)

D. **Salut, . . .** For each of the drawings below, write a short dialogue. In the first picture, the people greet each other; in the second, they make introductions; and in the third, they say good-bye. When appropriate, use the indicated names.

1. Dominique   Marie-Hélène

_____

_____

_____

_____

2. Jean   Simone   Philippe

3. Pierre   Claude

_____

_____

_____

_____

_____

_____

_____

_____

Révision

Regular **-er** verbs (1st and 2nd persons)

je travaille	**nous travaillons**
tu travailles	**vous travaillez**

E. **Les verbes réguliers en -er.** Give the appropriate forms of each infinitive.

1. **chanter**

   a. Je _____ assez bien.

   b. Tu _____ très bien.

   c. Nous _____ souvent.

   d. Vous _____ mal.

2. **étudier**

   a. Tu _____ l'espagnol?

   b. Nous _____ le français.

   c. Vous _____ l'allemand?

   d. J' _____ l'anglais.

3. **voyager** (In order to maintain the soft sound of the **g**, it is necessary to insert an **e** in the written **nous** form of verbs such as **voyager** and **manger: nous voyageons, nous mangeons.**)

   a. Vous _____ souvent.

   b. Je _____ très peu.

   c. Tu _____ rarement.

   d. Nous _____ beaucoup.

F. **Parlons de vous!** *(Let's talk about you!)* First, assume that your teacher asks you questions. Answer affirmatively using **je** and the appropriate form of the verb.

1. Vous parlez anglais? *Oui, je parle anglais.*

2. Vous habitez à. . . ? _____

3. Vous voyagez beaucoup? _____

Now assume that your friend asks you questions. Again answer affirmatively using **je** and the appropriate form of the verb.

4. Tu étudies beaucoup? _____

5. Tu désires un Coca? (Use **je voudrais**.) _____

6. Tu chantes bien? _____

Now assume that your teacher asks the class questions. Answer affirmatively using **nous** and the appropriate form of the verb.

7. Vous dansez? _____

8. Vous parlez anglais? _____

9. Vous mangez beaucoup? _____

Troisième étape (p. 17 – p. 23)

G. **Lisons!** Choose from the café menu the food and drink that you and two other members of your family would like. List the choice(s) for each person below, using the appropriate article (**un** or **une**).

---

aux deux magots

Boissons froides

Coca-cola - Pepsi-cola	12,00
Schweppes indian tonic, bitter lemon	12,00
Ginger ale, Canada dry	12,00
Ricqlès - Orangina	12,00
Limonade	12,00
Jus de fruit Verger, la bout.	12,00
Eaux minérales : Evian, Perrier, Vichy, Vittel, le 1/4	12,00
Oranges, citrons pressés	14,00
Lait froid	12,00

Buffet froid et chaud - Pâtisseries
Sandwiches pain mie ou pain riche :

Jambon beurre	16,00
Saucisson beurre	16,00
Fromage Comté	16,00
Sandwich double, jambon fromage	18,00
Assiette jambon, saucisson ou fromage	24,00
Assiette mixte	24,00
Croque-Monsieur	22,00
Œuf dur	5,00
Toasts beurre	6,50
Petit pain beurre	5,50
Croissant au beurre	5,50
Brioche au beurre	6,00
Pâtisseries variées	12,00
Cake	6,00
Confitures	5,00
Chips, Bretzels	5,00
Beurre	3,00

Person _____ Person _____ Myself _____

Food _____ Food _____ Food _____

Drink _____ Drink _____ Drink _____

H. **Le petit déjeuner et le déjeuner.** You are seated in a café. When the waiter comes, you order something to eat and/or drink. On the basis of the drawings, write what you order.

1. _Un sandwich au jambon et un Coca, s'il vous plaît._

2. _____

3. _____

4. _____

5. _____

6. _____

7. _____

Révision

Asking and answering yes–no questions

Questions	Responses
Tu voyages beaucoup?	Oui, je voyage beaucoup.
Est-ce que tu voyages beaucoup?	Non, je ne voyage pas beaucoup.
Tu voyages beaucoup, n'est-ce pas?	

I. **Vous ou tu?** In asking the following simple questions, you must decide whether to use **tu** or **vous.**

Find out if each person would like an **orangina.**

1. your teacher ___*Vous désirez un Orangina?*___

2. your best friend _____

3. your mother and father _____

Find out if each person lives in Paris.

4. your father's boss _____

5. your cousin _____

6. your parents' friends _____

Find out if each person speaks French.

7. your aunt and uncle _____

8. the principal _____

9. your teacher's little daughter _____

J. **Quelques questions.** *(A few questions.)* Make up questions that you might ask one of your classmates in order to get to know him/her a little better. Use the expression **est-ce que** to ask the questions. Then answer each question negatively. Use these verbs: **habiter, parler, étudier, danser, chanter, voyager**

MODÈLE: *Est-ce que tu habites à Milwaukee?*
          Non, je n'habite pas à Milwaukee.

1. _____

   _____

2. _____

   _____

3. _____

   _____

4. _____

   _____

5. _____

   _____

6. _____

   _____

K. **Martine et Gérard.** Martine and Gérard are French **lycée** students. Ask them the following questions. Then answer the questions according to the information suggested by the drawings. Vary the form of your questions.

1.　　　　　　　　　　　　2.　　　　　　　　　　　　3.

Ask Martine and Gérard:

1. if they live in Paris

　　Est-ce que vous habitez 　　　　*Oui, nous habitons*
　　à Paris ? 　　　　　　　　　　*à Paris.*

2. if they speak French

_____　_____

_____　_____

3. if they study a lot

_____　_____

_____　_____

Ask Gérard:

1.　　　　　　　　　　2.　　　　　　　　　　3.

4. if he sings

_____　_____

_____　_____

5. if he eats a lot

_____　_____

_____　_____

6. if he speaks Spanish

_____　_____

1.

2.

3.

Ask Martine:

7. if she speaks German

_____   _____

_____   _____

8. if she often travels

_____   _____

_____   _____

9. if she eats a lot

_____   _____

_____   _____

Chapitre deux

On va à la briocherie

Lexique

Pour se débrouiller

Pour saluer

Comment allez-vous?

Pour répondre à une salutation

Je vais (très) bien.

Pour faire une présentation

Je vous présente. . .
Enchanté(e).

Thèmes et contextes

La briocherie

une brioche
un chausson aux pommes
un croissant aux amandes
un pain au chocolat
un pain aux raisins
une part de pizza
quelque chose de salé
quelque chose de sucré
une quiche
une tarte à l'oignon
une tartelette au citron
une tartelette aux fraises

Vocabulaire général

Nom

une chose

Verbes

gagner
travailler

Autre expression

non plus

13

Première étape (p. 25 – p. 32)

A. **Lisons!** Supply the price for each of the items listed below.

1. une part de pizza _____

2. un chausson aux pommes _____

3. une tarte à l'oignon _____

4. un croissant aux amandes _____

5. un pain aux raisins _____

6. une tartelette aux fraises _____

7. une brioche _____

8. une tartelette au citron _____

B. **Qu'est-ce que c'est?** *(What is it?)* Identify each of the items that you can buy in a **briocherie.**

MODÈLE: *C'est un pain au chocolat.*

1. _____   5. _____

2. _____   6. _____

3. _____   7. _____

4. _____   8. _____

C. **Les élèves d'autres pays.** *(Students from other countries.)* There are many foreign exchange students in France. They speak different languages, live in different cities, and like different things to eat. Complete the following statements with the appropriate form of the verb.

Quelle langue *(what language)* est-ce qu'ils parlent?

1. Rosalva _____ espagnol.

2. Tchen _____ chinois.

3. Peter et Reginald _____ anglais.

Où *(where)* est-ce qu'ils habitent en France?

4. Verity _____ à Nantes.

5. Heinrich _____ à Tours.

6. Fabiola et Margarita _____ à Avignon.

Qu'est-ce qu'*(what)* ils mangent à la briocherie?

7. Yoshi _____ un croissant aux amandes.

8. Mongo et Amadou _____ une pizza.

9. Mary Ellen _____ un chausson aux pommes.

D. **Est-ce qu'il parle anglais?** Find out the following pieces of information by asking a question with **est-ce que.**

MODÈLE: Jacques / parler / anglais
Est-ce que Jacques parle anglais?

1. Françoise / habiter / à Bruxelles

   _____

2. Monsieur Darbelnet / travailler / à Québec

   _____

3. Jean-Pierre et Martine / voyager souvent

   _____

4. Pascal et Sylvaine / danser bien

   _____

5. Lynnette / parler français

_____

E. **Trois camarades de classe.** *(Three classmates.)* Write three sentences about a female class-mate of your choice and three sentences about two male classmates of your choice. Use at least four of the following verbs: **habiter, parler, étudier, danser, chanter, manger, voyager, travailler, gagner**

1. Mon amie _____

_____

_____

_____

2. Mes amis _____ et _____

_____

_____

_____

Deuxième étape (p. 32 – p. 37)

F. **Bonjour, . . .** For each of the drawings below, write a short dialogue. In the first picture, the people greet each other; in the second, they make introductions; in the third, they say good-bye. When appropriate, use the indicated names.

1. Mme Chabeau Didier

_____

_____

_____

2. Marie-France   M. Séry

            Geneviève

_____

_____

_____

3. M. Leloup Francine

_____

_____

_____

Révision

Conjugated verb followed by an infinitive

J'aime chanter.
Elles n'aiment pas travailler.

G. **Michel aime parler.** On the basis of the drawings, indicate what each of the persons mentioned likes or doesn't like to do. Conjugate the verb **aimer** and use the infinitive of the other verb.

MODÈLE: *Michel aime parler.*

1. Christian _____

_____

2. Annie _____

_____

3. Robert et Claude _____

_____

20

4. Josette et Marie-Laure _____

_____

5. Max et moi, nous _____

_____

6. Vous deux, vous _____

_____

H. **Et vous?** Indicate whether you do or do not like to participate in the following activities.

   MODÈLE: chanter
             Moi, j'aime chanter. ou:
             Moi, je n'aime pas chanter.

1. danser _____

2. étudier _____

3. manger les choses sucrées _____

   _____

4. chanter _____

5. travailler _____

6. voyager _____

7. parler français _____

Chapitre trois

Tu aimes les fast-food?

Lexique

Thèmes et contextes

Les nationalités

allemand(e)
américain(e)
anglais(e)
belge
canadien(ne)
chinois(e)
égyptien(ne)
espagnol(e)
français(e)
haïtien(ne)
italien(ne)
japonais(e)
mexicain(e)
portugais
russe
sénégalais(e)
suisse
vietnamien(ne)

Les professions

un(e) astronaut(e)
un(e) acteur(-trice)
un(e) architecte
un(e) avocat(e)
un(e) comptable
un(e) dentiste
un(e) élève
un(e) étudiant(e)
un(e) agriculteur(-trice)
un homme (une femme) d'affaires
un ingénieur
un(e) journaliste
un(e) mécanicien(ne)
un médecin
un(e) pharmacien(ne)
un professeur
un(e) secrétaire

Quelque chose à manger

des frites (f.pl.)
un milk-shake au chocolat
à la vanille

Vocabulaire général

Nom

un lycée

Verbe

être

Autres expressions

à
Ah, bon.
C'est ça.
C'est chouette, ça!
de
mais
Mais non.
Pourquoi pas?

Première étape (p. 39 – p. 46)

A. **Lisons!** Ask your teacher what the current exchange rate for American dollars is in France (or look in a newspaper or call a bank). When you read the price list for a Quick restaurant in France, calculate how much more or less you would pay for your favorite fast-food meal in France than in your home town.

Foods	French price	American price
Total		

Révision

The irregular verb **être**

je suis	**nous sommes**
tu es	**vous êtes**
il, elle, on est	**ils, elles sont**

B. **Où est. . .?** Tell where each of the following people is by completing the sentence with the appropriate form of **être.**

1. Georges _____ à Rome.

2. Monique et Chantal _____ à Genève.

3. Je _____ à Londres.

4. Vous _____ à Madrid.

5. Nous _____ à Dakar.

6. Tu _____ à Montréal.

C. **Elle est de Lyon?** Using the information in parentheses, answer the questions about where each person comes from.

MODÈLE: Est-ce que Michèle est de Dijon? (Brest)
           Non, elle n'est pas de Dijon. Elle est de Brest.

1. Est-ce que Jacqueline est de Nantes? (Lille)

   _____

2. Est-ce que René est de Paris? (Grenoble)

   _____

3. Est-ce que Pascale et Simone sont de Lyon? (Bordeaux)

   _____

4. Est-ce que Gilles et Thierry sont de Rouen? (Marseille)

   _____

5. Est-ce que toi et Matthieu, vous êtes de Tours? (Strasbourg)

   _____

6. Est-ce que je suis de Nancy? (Nice)

   _____

D. **Les villes de la France.** Fourteen French cities are mentioned in Exercise B. Write the name of each city in the appropriate place on the map of France. Look at the map of France on p. xvi of the textbook for help.

E. **D'où êtes-vous?** *(Where are you from?)* Complete the following sentences by indicating what city each person originally came from. Use the appropriate form of **être** and the preposition **de.**

1. Moi, je _____

2. Mon ami _____

3. Mon amie _____

4. Mes parents _____

5. Le professeur de français (M., Mme, Mlle)

_____

Deuxième étape (p. 46 – p. 54)

F. **Lisons.** In addition to the American fast food chains that now have outlets in France, there are also many French-owned chains as well as some individual fast-food restaurants. Read the menu for the **Surf,** which is found in Avignon, in southern France. Then make a list of similarities and differences you notice between a typical American fast-food restaurant and the **Surf.** Useful words: **dinde** (turkey) and **pavé** (rectangular-shaped ice-cream).

SURF PIZZABURGER

PLATS CHAUDS

Pizza René			10F
Hot Dog	simple 7F	double	10F
Brochette de Dinde			17F

HAMBURGERS

Freeburger	8F
Big Free	12F
Surfburger	10F
Big Surf	14F
Cheeseburger	10F
Big Cheese	14F
Fishburger	10F
Big Fish	14F

Frites	simple 7F	double	10F

Salade du jour	5F
Croque-Monsieur	9F

DESSERTS

Apple Pie	7F
Sundae	9F
Pavé au chocolat	7F

BOISSONS FRAICHES

Coca Cola	7F	9F	14F
Limonade	5F	7F	12F
Jus d'orange	6F	8F	13F
Milk Shake	10F		

G. **On mange quelque chose?** Identify the foods that people are eating in the drawings below. Then indicate whether they are at a **café,** a fast-food restaurant, or a **briocherie.**

Jacques

MODÈLE: *Jacques mange un croque-monsieur.*
          Il est dans un café.

Sylvie

1. _____

_____

Florence   Henri

2. _____

_____

M. Carduner

3. _____

_____

Révision

Adjectives of nationality		Names of professions	
m.	**f.**	**m.**	**f.**
suisse	suisse	élève	élève
français	française	avocat	avocate
italien	italienne	pharmacien	pharmacienne

H. **Ah, bon. Il est français.** All of the following people are natives of the country in which they live. Make the logical deduction on the basis of the information given.

MODÈLE: Herbert habite à Londres.
Ah, bon. Il est anglais.

1. Marcelle habite à Rome.

_____

2. Yvonne habite à Québec.

_____

3. Leonid et Andrei habitent à Moscou.

_____

4. Keke habite à Haïti.

_____

5. Herbert habite à Berlin.

_____

6. Suimei *(f.)* habite à Pékin.

_____

7. Ruth et Fred habitent à New York.

_____

8. Gerta et May habitent à Munich.

_____

I. **Je suis avocat.** Indicate the correct profession for each of the following people.

MODÈLE: Est-ce que M. Dronne est avocat? (médecin)
Non, il n'est pas avocat. Il est médecin.

1. Est-ce que Madame Prigent est professeur? (avocate)

_____

2. Est-ce que Monsieur Pepiot est ingénieur? (professeur)

_____

3. Est-ce que tu es dentiste? (médecin)

_____

4. Est-ce que Anne-Marie Guyonnet est secrétaire? (journaliste)

_____

31

5. Est-ce que vous êtes étudiants à l'université? (élèves dans un lycée)

_____

6. Est-ce que Monsieur et Madame Sablon sont avocats? (dentistes)

_____

J. **Moi, je. . .** Use the following verbs and expressions to write five sentences about yourself. Use each term only once.
Verbs: être (de), habiter, étudier, parler, aimer, chanter, danser, manger, voyager, travailler, gagner.

1. _____
2. _____
3. _____
4. _____
5. _____

Mise au point

(Chapitre premier, Chapitres deux et trois)

Lecture: *On déjeune au café*

Read the following passage. You will not understand every single word, but you should concentrate on finding the main ideas. Then answer the questions that follow, referring to the passage if necessary.

C'est l'heure du déjeuner. Marc et ses amis ont envie de manger quelque chose. Marc voudrait manger au Quick, mais ses amis préfèrent déjeuner à un café. Ils décident d'aller au Café de la Régence.

Marc est belge. Il est étudiant à l'université de Grenoble. Ses amis, étudiants aussi, sont français.

Au café, ils commandent le déjeuner:

LE GARÇON:	Oui, messieurs-dames. Vous désirez?
MARC:	Un sandwich au fromage et un Orangina.
JEANNE:	Un croque-monsieur et un citron à l'eau.
PAULINE:	Une omelette aux fines herbes et un café.
MAURICE:	Une salade. Pas de boisson.

Pendant le déjeuner, ils parlent de leurs études. Ils travaillent beaucoup à l'université, mais ils adorent être étudiants. Ils ont des professeurs excellents et ils aiment la ville de Grenoble. Des étudiants de toutes les nationalités habitent dans cette ville universitaire: des étudiants canadiens, chinois, américains, espagnols, suisses, anglais, italiens.

Après le déjeuner, Marc et Jeanne commandent un express. Ils continuent leur conversation tranquillement. Mais c'est bientôt l'heure des cours et ils sont obligés de retourner à l'université.

A. **Exercice de compréhension.** On the basis of what you have read, choose the phrase that best completes each statement.

1. Marc and his friends go to the café
   a. between 8:00 and 9:00 in the morning.
   b. between 12:30 and 1:30 in the afternoon.
   c. between 5:00 and 6:00 in the afternoon.
2. Marc and his three friends
   a. are all of French nationality.
   b. are all Europeans.
   c. each come from different countries.
3. On the basis of what the students order to eat, you can conclude that
   a. they have varied tastes.
   b. male students are the only ones who like sandwiches.
   c. French students do not drink hot beverages with lunch.
4. During the meal, the four friends
   a. discuss why they like being at the university of Grenoble.
   b. talk about the absence of foreign students at the university.
   c. complain about their teachers.
5. After the meal, the four students
   a. hurry off to the university.
   b. discuss how to spend the rest of the afternoon.
   c. stay at the café until it is time for class.

B. **Le déjeuner.** Write an imaginary conversation that takes place either in a café or in a fast-food restaurant in Paris. You and an acquaintance of your parents (Mr. Harold Johnson) have made plans to meet for lunch. A French friend of yours (Janine Leclair) joins you. During lunch, Mr. Johnson and Janine try to find out about each other. Make sure that everyone gets something to eat. (Use a separate sheet of paper.)

C. **Jeu: Quelque chose à manger.** The white blocks of letters are the names of drinks you can order in a café; using the clues (the number of spaces and the letters or punctuation marks provided), fill in the names of the drinks. Then transfer some of the letters, following the arrows, to the shaded blocks in the middle. If you are correct, the shaded blocks will contain the name of something to eat that can also be ordered in a café.

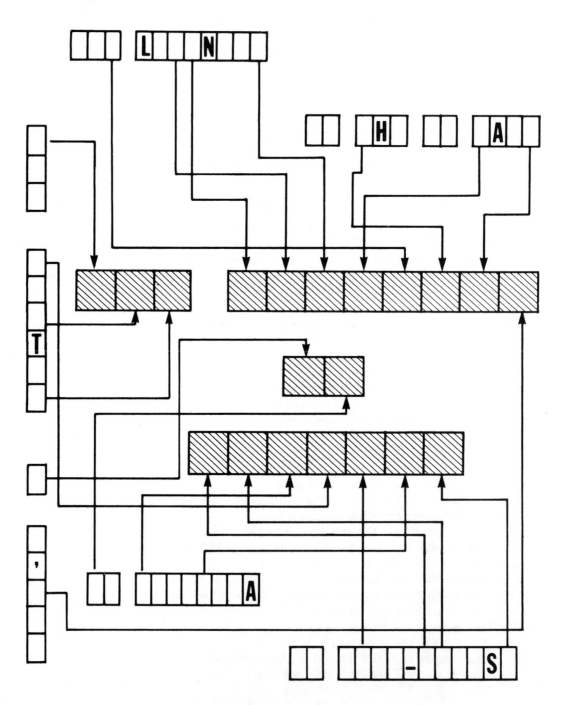

Unité deux

On fait connaissance

Planning Strategy

Your new friend, the French exchange student, is having difficulty with his/her English. Answer your friend's questions about how to get acquainted with people.

1. **What do I say when I want to introduce myself to someone?**_____
   _____

2. **What words and expressions do I need to tell someone about the makeup of my family?**_____
   _____
   _____

3. **People are always asking me whether I like certain things and activities. I'd like to be able to do more than just say yes or no. How do I express different degrees of liking or disliking?**

   _____
   _____
   _____

Chapitre quatre
C'est à toi, ça?

Lexique

_____

Les habitations

un appartement
une chambre
une maison

Les matériaux scolaires (school supplies)

un cahier	une gomme
une calculatrice	un livre
un carnet	un sac à dos
un crayon	un stylo
un feutre	un taille-crayon

Les moyens de transport

une auto	un vélo
une moto	un vélomoteur
une motocyclette	une voiture

Les possessions

un appareil-photo	un magnétoscope
un bureau	un ordinateur
une cassette	une plante verte
une chaîne stéréo	un portefeuille
un chat	un poster
un chien	une radio-cassette
une clé	un radio-réveil
un disque	un sac (à main)
un lit	une télévision (couleur)
une machine à écrire	

Vocabulaire général _____

Verbes

avoir	avoir raison
avoir besoin de	avoir soif
avoir faim	avoir tort

Autres expressions

dans
il y a
pour aller en ville
voilà

Première étape (p. 65 – p. 70)

A. **Lisons!** A French **lycée** student, Claire Collier, explains what she usually takes (**apporte**) to school with her. Read her description, then circle each of the items that you also bring to school with you.

J'apporte tout simplement un sac avec, à l'intérieur,

— des livres et des cahiers,

— des stylos de couleur,

— un crayon et une gomme,

— une règle,

— une calculatrice,

— et un agenda (où je note les devoirs à faire à la maison).

—

—

—

Then add to the list any items that you bring to school but that Claire does not.

B. **Georges et Christine.** Identify the objects in the drawing that belong to Georges and to Christine.

Georges a

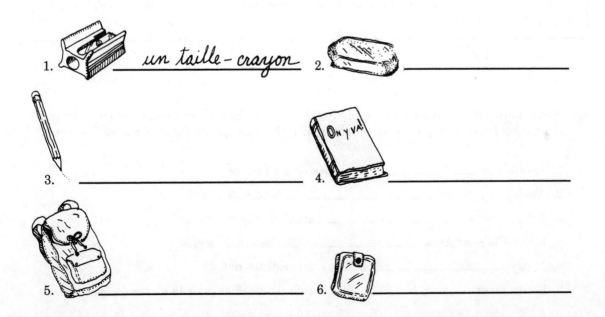

1. *un taille-crayon*   2. _____

3. _____   4. _____

5. _____   6. _____

Christine a

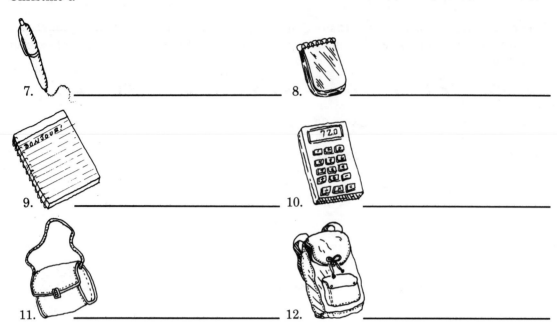

7. _____ 8. _____

9. _____ 10. _____

11. _____ 12. _____

C. **Nos besoins.** *(Our needs.)* Yvette is talking about what she and her friends need in order to do their schoolwork. Complete the sentences with the appropriate form of the verb **avoir.**

1. Jean-Pierre _____ besoin d'un carnet.

2. Annick et moi, nous _____ besoin de livres.

3. Est-ce que tu _____ besoin de quelque chose?

4. Marie-Claire et Anne _____ besoin de stylos.

5. Moi, j'_____ besoin d'une calculatrice.

6. Est-ce qu'on _____ besoin d'un cahier pour la classe de français?

D. **Oui, mais. . .** *(Yes, but. . .)* React to the following statements about possessions by indicating what the people do **not** have.

MODÈLES: Moi, j'ai un taille-crayon. (crayons)
Oui, mais tu n'as pas de crayons!

Jacques et Henri ont un sac à dos. (portefeuille)
Oui, mais ils n'ont pas de portefeuille.

1. Moi, j'ai un cahier. (livre)

_____

2. Éric a un stylo. (feutre)

_____

3. Monique et moi, nous avons un taille-crayon. (calculatrice)

_____

4. Simone et Chantal ont un sac à main. (sac à dos)

_____

5. Vous et Didier, vous avez un sac à dos. (cahiers)

_____

E. **Pour. . .** *(In order to. . .)* First, indicate what school supplies you have (books, pencils, etc.) and what supplies you don't have.

1. Pour aller à l'école, j'ai _un livre, des stylos_____

_____

2. Je n'ai pas de_____

_____

Now indicate what you usually need in order to do your French homework (book, notebook, pencil, etc.).

3. Pour faire mes devoirs de français, j'ai besoin d' _____

_____

Deuxième étape (p. 70 – p. 78)

F. **Lisons!** Read the ad for electronic products, then answer the questions that follow.

CALCULEZ ET GAGNEZ

EL 531
Calculatrice scientifique
- 38 fonctions scientifiques et statistiques.
- 15 niveaux de parenthèses.
99F Prix public conseillé

EL 512
Calculatrice scientifique
- Programmable (128 pas)
- 71 fonctions
- 9 mémoires
- Conversion décimale, hexadécimale.
259F Prix public conseillé

PC 1401
Ordinateur de poche scientifique
- 59 fonctions
- mémoire vive : 4,2 K.octets.
- programmable en basic
899F Prix public conseillé

Liste des spécialistes Sharp en téléphonant au :
(1) 48.34.93.44. - Poste 411.

1. What are the important differences between the EL531 and the EL512?

_____

_____

2. The EL512 has more functions than the PC1401. Why does the PC1401 cost so much more?

_____

_____

3. What is the approximate price in American dollars of each of these instruments? Can you buy similar instruments for the same or lower price in the United States?

_____

_____

_____

41

G. **Il y a. . .** Look at the drawings of Pascale's room and Didier's room. First, list at least ten objects that you see in Pascale's room.

Pascale

Didier

Dans la chambre de Pascale, il y a _un bureau, des plantes vertes,_ _____

_____

_____

Now list at least five items in Didier's room that are *not* found in Pascale's.

Dans la chambre de Didier, il y a _____

42 _____

Révision

The expressions **il y a** and **voilà**

Il y a is used to state that something or someone exists:

Il y a un lit dans ma chambre.

Voilà is used to point out the location of something or someone:

Voilà mon amie Annick.

H. **Petites conversations.** *(Little conversations.)* Complete the following conversations, using **il y a, voilà,** or the appropriate form of **être** or **avoir.**

1. — Combien d'avocats est-ce qu' _____ dans la ville de La Ciotat?

   — Sept ou huit. Tiens! Regarde! _____ un avocat!

   — Ah, oui. Monsieur Rocard. Il _____ de Marseille,

   mais il _____ une maison à La Ciotat.

2. — Voici l'Université de Nantes.

   — Ah, oui. Regarde! _____ des étudiants.

   — Est-ce qu'ils _____ français?

   — Non, espagnols et allemands. _____ beaucoup d'étudiants étrangers *(foreign)* à l'université.

I. **Vous avez besoin de quelque chose?** Using the words in parentheses, indicate what each of the following people needs. Remember that the expression **avoir besoin de** is followed by **un(e)** before a singular noun but by **de** before a plural.

MODÈLE: Jean-Pierre (gomme)
Jean-Pierre a besoin d'une gomme.

Je (disques)
J'ai besoin de disques.

1. Suzanne (ordinateur)

_____

2. je (posters)

_____

3. Michel et André (calculatrice)

_____

4. tu (bureau)

_____

5. nous (cassettes)

_____

6. on (taille-crayon)

_____

J. **Qu'est-ce qu'il y a?** *(What's the matter?)* The expression **il y a,** when used with the question **qu'est-ce que** has the idiomatic meaning of "What's the matter?" or "What's wrong?" Based on the drawings, answer the question **Qu'est-ce qu'il y a?** using **je** or **nous** and the expressions **avoir faim, avoir soif,** or **avoir besoin de.**

MODÈLE: Qu'est-ce qu'il y a?
J'ai besoin d'un radio-réveil.

Qu'est-ce qu'il y a?

1. _____

Qu'est-ce qu'il y a?

2. _____

Qu'est-ce qu'il y a?

3. _____

Qu'est-ce qu'il y a?

4. _____

Qu'est-ce qu'il y a?

5. _____ **45**

K. **Ma chambre.** First, draw a picture of your room at home. In French, label the location of at least eight objects (bed, desk, posters, books, stereo, etc.).

Now mention at least three things you do *not* have in your room.

MODÈLE: *Dans ma chambre il n'y a pas de plantes vertes.*

_____

_____

_____

Troisième étape (p. 78 – p. 83)

L. **Lisons!** Read the following short article, then answer the questions that follow.

ON ROULE ... SUR DEUX ROUES

La bicyclette ("le vélo") est toujours très populaire en France.
Mais les jeunes préfèrent de plus en plus "faire de la moto" ! Ne
pas confondre :

— le cyclomoteur, sorte de bicyclette avec un moteur de moins
de 50 centimètres cubes (cc), qu'on peut conduire sans permis à
partir de 14 ans ;

— le vélomoteur, qui est une petite moto de plus de 50 cc ;
— la motocyclette, moto appelée aussi la "bécane". Une moto
de grosse cylindrée (plus de 500 cc) est un "gros cube".

1. On the basis of this article, what seem(s) to be the major difference(s) between **un cyclomoteur, un vélomoteur,** and **une motocyclette?**

   _____

   _____

   _____

   _____

2. What might you guess would be the meaning of the title **On roule . . . sur deux roues?** (Hint: **Une voiture a quatre roues.**)

   _____

   _____

M. **Moi, je. . .** Compare your possessions with those of the new student in your school, Nathalie Roumain. Give as much information as possible.

MODÈLE: Nathalie a des crayons, des stylos et des feutres.
           Moi, j'ai des crayons et des stylos, mais je n'ai pas de feutres.

1. Nathalie habite dans un appartement à Paris.

   _____

2. Nathalie a une chaîne stéréo et quatre disques des Beatles.

   _____

3. Nathalie a une télévision couleur et un magnétoscope.

   _____

4. Nathalie a une motocyclette.

_____

Révision

The numbers from 0 to 10

0	**zéro**	3	**trois**	6	**six**	9	**neuf**
1	**un**	4	**quatre**	7	**sept**	10	**dix**
2	**deux**	5	**cinq**	8	**huit**		

N. **Une calculatrice.** Write the combination of digits needed to make the following figures on a calculator.

MODÈLE: 52   *cinq* et *deux*

47 _____ et _____   18 _____ et _____

29 _____ et _____   35 _____ et _____

60 _____ et _____   51 _____ et _____

O. **Georges dit que. . .** *(George says that. . .)*. Use the appropriate form of **avoir raison** or **avoir tort** to indicate whether the following people are right or wrong in their simple addition.

MODÈLES: Georges dit que deux et deux font quatre.
          Il a raison.

          Georges dit que deux et deux font cinq.
          Il a tort.

1. Mireille dit que trois et trois font sept.

_____

2. Jacques et Henri disent que deux et sept font neuf.

_____

3. Tu dis que cinq et trois font dix.

_____

4. Nous disons que quatre et quatre font huit.

_____

5. Je dis que huit et un font neuf.

_____

6. Vous dites que cinq et trois font sept.

_____

Chapitre cinq

Moi, j'aime beaucoup ça!

Lexique

Pour se débrouiller

Pour indiquer ses goûts et ses préférences

adorer
aimer (assez bien, beaucoup, mieux)
ne pas aimer
détester
préférer

Thèmes et contextes

Les goûts et les préférences

l'art
le camping
le cinéma
les langues (f.pl.)
la littérature
les mathématiques (f.pl.)
la musique
la nature
la politique
les sciences (f.pl.)
la sculpture
les sports (m.pl.)
le tennis
le théâtre

Vocabulaire général

Noms

un(e) petit(e) ami(e)
une pièce de théâtre

Adjectifs

classique
populaire

Autre expression

voici

Première étape (p. 85 – p. 91)

A. **Lisons!** Read the following page taken from a music magazine published in France, then do the exercises that follow.

Petites Annonces

Vous avez entre 14 et 16 ans, vous aimez le sport, la musique, vous habitez l'Italie ou l'Espagne et parlez anglais ou espagnol, alors écrivez-moi vite, si la photo est jointe à votre lettre, réponse assurée. Mireille Bardet, Impasse Saint Luis, 63260 Aigueperse.

Trois garcons du même âge recherchent correspondantes de tout pays parlant français ou anglais entre 13 et 16 ans, joindre photo. Réponse assurée. Christophe Briois, 36, avenue du Général-de-Gaulle, 28390 Toury.

J'ai 16 ans et je désire correspondre avec filles et garçons de 15 à 18 ans. J'aime les chiens, la musique, les motos, les sorties. Réponse assurée. Marlène Jondeau, Grande rue, 71590 Gergy.

J'ai 13 ans et je désire correspondre avec filles et garçons de 13 à 16 ans parlant français, habitant l'Italie, l'Espagne, Bordeaux, Orléans, sortes de musiques. Joindre photo. Réponse assurée. Stéphane Sailer, 42, rue Mermoz, 81600 Gaillac.

PETITES ANNONCES GRATUITES

Si vous désirez faire paraître une petite annonce gratuite, remplissez soigneusement le bon à découper ci-dessous.

PODIUM-HIT
B.P. 415.08
75366 PARIS CEDEX 08

Texte . . . .
. . . .
. . . .
. . . .
. . . .
. . . .

Nom . . . .
Prénom . . . .
Adresse . . . .
. . . .
Code postal . . . .
Ville . . . .
Age . . . .

1. From the requests for pen pals, choose two people to whom you might be interested in writing. Indicate for each person what information in the *annonce* (ad) caught your attention.

   _____

   _____

   _____

   _____

2. Complete, in French, the form that would allow you to request a pen pal. Imitate the models found in the magazine.

B. **Les catégories.** Reorganize the following list by putting each noun in the appropriate category. Some nouns may fit in more than one of the categories.

   le café, le camping, la danse, l'eau, le football, les langues, la littérature, les mathématiques, la musique, l'opéra, la peinture, les sciences, la sculpture, le ski, le tennis, le thé

   1. les boissons _____

   2. les sports et les activités _____

   _____

   3. les arts _____

   4. les matières *(school subjects)* _____

   _____

51

C. **Moi, je voudrais avoir...** Look at the following pairs of drawings and indicate, by naming the possessor, which one you would like to have. Remember to use a definite article (**le, la, l', les**).

Pierre   Michel

MODÈLE: *Moi, je voudrais avoir la voiture de Pierre.*

Annick   Hélène

1. _____

Francine   Léon

2. _____

Jean-Jacques   Renée

3. _____

Alain   Éric

4. _____

D. **Moi, j'aime beaucoup. . .** Choose two items from each category and indicate your personal attitude toward them. Use each of the following expressions at least once: **adorer, aimer beaucoup, aimer bien, aimer un peu, ne pas aimer.**

MODÈLE: les sports
Je n'aime pas le football, mais j'aime un peu le tennis.

1. les boissons _____

_____

2. les sports et les activités _____

_____

3. les arts _____

_____

4. les matières _____

_____

Révision

The indefinite and definite articles

Indefinite   **Definite**

un, une, des   **le, la, l', les**
  (negative: **de**)

E. **On aime ce qu'on a.** *(We like what we have.)* Usually a person has (or doesn't have) only things that he or she likes (or doesn't like). Complete the following exercise using definite articles (**le, la, les, l'**) or indefinite articles (**un, une, des**). Remember that **un, une** and **des** become **de** in the negative.

1. Ma sœur aime beaucoup __*la*__ musique et elle a __*une*__ chaîne stéréo dans sa chambre.

2. Paul n'a pas _____ chats parce qu'il n'aime pas _____ animaux.

3. Jeannette aime _____ ordinateurs. Est-ce qu'elle a _____ Macintosh ou _____ IBM?

4. Il y a _____ livres de français sur la table. Ce sont _____ livres de Christiane. Elle adore _____ langues.

5. Hervé déteste _____ café. Il aime mieux _____ thé.

Deuxième étape (p. 91 – p. 101)

Révision

The verb **préférer**

Préférer is a regular **-er** verb. However, its written forms undergo a spelling change to reflect a slight difference in pronunciation. This change affects the second **é** (the first **é** always remains the same). When the verb ending is pronounced (**-er, -ons, -ez**), the second **é** retains the acute accent. However, before an unpronounced ending (**e, -es, -ent**), the second **é** changes to a grave accent (**è**).

je préfère	**nous préférons**
tu préfères	**vous préférez**
il, elle, on préfère	**ils, elles préfèrent**

F. **J'aime bien le cinéma.** Use the verb **préférer** to indicate the kinds of movies each of the following people likes.

MODÈLE: Monique / films d'horreur
Monique préfère les films d'horreur.

1. André / films d'aventure

   _____

2. nous / films comiques

   _____

3. les parents de Robert / les westerns

   _____

4. vous / films d'horreur

   _____

5. moi, je / *(your choice)*

   _____

G. **Qu'est-ce que vous aimez mieux?** Answer the following questions according to your personal preferences.

1. Qu'est-ce que vous aimez mieux—les sports ou les arts?

   _____

2. Qu'est-ce que vous préférez—la télévision ou le cinéma?

   _____

3. Qu'est-ce que vous aimez mieux—les chiens ou les chats?

   _____

4. Qu'est-ce que vous préférez—les langues ou les mathématiques?

_____

5. Qu'est-ce que vous aimez le mieux—la musique populaire, le rock ou la musique classique?

_____

6. Qu'est-ce que vous préférez—le football américain, le basket ou le tennis?

_____

Révision

Possessive adjectives—first and second persons

mon, ma, mes	**notre, notre, nos**
ton, ta, tes	**votre, votre, vos**

Possessive adjectives agree in number and gender with *the object possessed*. Before a vowel or a silent **h, ma** and **ta** become **mon** and **ton: mon amie, ton adresse.**

H. **C'est mon livre.** Answer the questions affirmatively, using the appropriate form of **mon** or **ton** or **notre** or **votre**.

MODÈLES: Le livre est à toi?
Oui, c'est mon livre.

Les cassettes sont à nous?
Oui, ce sont vos cassettes.

1. Le cahier est à toi?

_____

2. Les clés sont à toi?

_____

3. La calculatrice est à toi?

_____

4. La maison est à vous?

_____

5. L'ordinateur est à vous?

_____

6. Les chiens sont à vous?

_____

7. La chambre est à moi?

_____

8. Les livres sont à moi?

_____

9. L'appartement est à nous?

_____

10. Les disques sont à nous?

_____

I. **L'inventaire.** Complete the following conversations by using the appropriate form of **mon, ton, votre,** or **notre.**

1. As you leave for school, your mother is checking on whether you have everything you need:

   VOTRE MÈRE: Tu as _____*ton*_____ sac à dos? _____ livres? _____ clé?

   VOUS: Oui, mais je n'ai pas _____ calculatrice. Et je n'ai pas

   _____ cahiers non plus. Où est _____ portefeuille?

2. You and your brother or sister share a room. You are showing this room to a friend of yours.

   VOUS: Voici _____ chambre. Voici _____ lits. Voici

   _____ ordinateur.

   VOTRE AMI: Ce sont _____ disques? C'est _____ chaîne stéréo?

   C'est _____ bureau?

J. **À qui est-ce?** Using the information suggested, complete the following exchanges.

1. Alain is looking for his pencils. Francine sees where they are.

   ALAIN: Où sont _____ stylos?

   FRANCINE: Ils sont dans _____ sac à dos.

2. Alain, Didier, and Francine are looking at Didier's house.

   ALAIN: Francine, c'est _____ maison?

   DIDIER: Non, c'est _____ maison.

   FRANCINE: Je n'habite pas dans une maison. J'habite dans un appartement.

   ALAIN: Ah, bon. Où est _____ appartement?

3. Francine has found a set of keys.

   FRANCINE: Didier et Christiane, ce sont _____ clés?

   CHRISTIANE: Oui, ce sont _____ clés.

4. Alain is looking at Francine's stereo.

ALAIN: Francine, c'est _____ chaîne stéréo?

FRANCINE: Oui, et ce sont _____ disques aussi.

5. Francine is trying to find out whose camera this is.

FRANCINE: À qui est l'appareil-photo?

ALAIN: Didier, ce n'est pas _____ appareil?

CHRISTIANE: Mais non, c'est _____ appareil.

6. Didier is looking for a computer.

DIDIER: Christiane, où est _____ ordinateur?

CHRISTIANE: Je n'ai pas d'ordinateur, mais voici _____ calculatrice.

7. Alain and Francine can't find their bikes.

ALAIN: Francine, où sont _____ vélos?

CHRISTIANE: Vous cherchez _____ vélos? Ils sont dans le garage.

K. **Mes possessions.** Give your reactions to the objects illustrated and compare them to your own.

David

MODÈLE: *J'aime la voiture de David, mais j'aime mieux ma voiture.* ou:
Je n'ai pas de voiture, mais mon amie Annie a une voiture. ou:
Je préfère la voiture de David.

Jean-Luc

1. _____

_____

Anne-Louise

2. _____
_____

Marielle

3. _____
_____

Claire

4. _____
_____

Michel

5. _____
_____

Mathieu

6. _____
_____

Chapitre six
Voici ma famille!

Lexique

Pour se débrouiller _____

Pour s'identifier

Je suis...
Je m'appelle...

Pour se renseigner

combien de
Comment s'appelle...?
où
pourquoi
qu'est-ce que

Thèmes et contextes _____

Les activités

faire une promenade
faire du ski
faire du sport
faire du tennis
faire un tour
faire un voyage

La famille

un(e) cousin(e)
une femme
une fille
un fils
un frère
une grand-mère
un grand-père
un mari
une mère
un oncle
un père
une sœur
une tante

Vocabulaire général _____

Noms

un nom de famille
un prénom

Verbes

chercher
écouter
faire
regarder

Adjectif

marié(e)

Autre expression

parce que

Première étape (p. 103 – p. 109)

A. **Lisons!** Read the description of his family given by Jean-Philippe Chaumette. Draw a family tree based on the description, then answer the questions.

Je m'appelle Jean-Philippe Chaumette et j'ai 17 ans. J'habite avec ma famille à Lyon. J'ai un père, une mère et deux soeurs. Sandrine a 13 ans et Laurent a 15 ans. Mon oncle Etienne, le frère de mon père, et sa femme Véronique ont deux fils. Ils s'appellent Bernard et Emmanuel. J'ai de la famille dans d'autres villes de France aussi. Mon grand-père, le père de ma mère, habite à Bordeaux avec ma grand-mère. Les parents de mon père habitent à Valence.

1. Who is the oldest child in Jean-Philippe's immediate family? and the youngest?

   _____

2. Which set of grandparents lives the closest to Jean-Philippe?

   _____

B. **Ma famille.** Answer the following questions about your family.

1. Vous êtes combien dans votre famille?

   _____

2. Comment vous appelez-vous?

   _____

3. Combien de frères est-ce que vous avez? Comment est-ce qu'il(s) s'appelle(nt)?

   _____

4. Combien de soeurs est-ce que vous avez? Comment est-ce qu'elle(s) s'appelle(nt)?

   _____

5. Quel est le prénom de votre grand-mère (la mère de votre père)?

   _____

6. Quel est le nom de famille de votre grand-père (le père de votre mère)?

   _____

63

C. **Pour faire continuer la conversation.** *(To keep the conversation going.)* You are talking with some friends. Whenever someone makes a statement, you take it upon yourself to keep the conversation going by asking a question. Use the question word in parentheses.

MODÈLE: J'adore les chats. (combien de)
Combien de chats est-ce que tu as?

1. J'aime beaucoup mes sœurs. (combien de)

_____

2. Je n'habite pas à Paris. (où)

_____

3. Mon père déteste nos chiens. (pourquoi)

_____

4. J'ai un vélomoteur et une motocyclette. (pourquoi)

_____

5. Mes livres ne sont pas dans ma chambre. (où)

_____

6. Je cherche quelque chose. (qu'est-ce que)

_____

7. Mes parents regardent souvent la télévision. (qu'est-ce que)

_____

8. Nous avons beaucoup de livres. (combien de)

_____

D. **Encore des questions.** *(Still more questions.)* You are trying to get to know Marcel, a French exchange student in your school. Here are the answers he has given to your questions. Write the questions that you asked.

MODÈLE: *Où est-ce que tu habites?*
J'habite à Rouen.

1. _____

64   J'ai trois sœurs.

2. _____

Elles habitent à Grenoble.

3. _____

J'ai un frère.

4. _____

Il a deux enfants.

5. _____

Il travaille à Versailles.

6. _____

Pour aller au travail, il a une voiture.

7. _____

J'étudie les sciences.

8. _____

J'étudie les sciences parce que je voudrais être médecin.

Deuxième étape (p. 110 – p. 117)

E. **Lisons!** The four singers pictured below were all very popular in France during the 1980's. Read their descriptions, then answer the questions that follow.

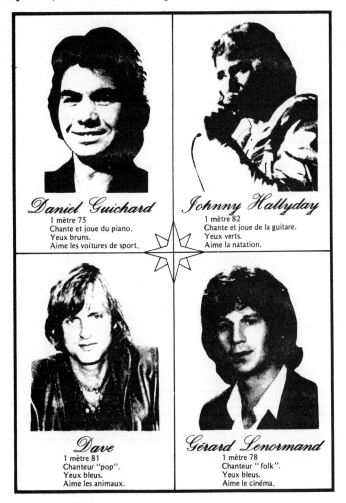

Daniel Guichard
1 mètre 75
Chante et joue du piano.
Yeux bruns.
Aime les voitures de sport.

Johnny Hallyday
1 mètre 82
Chante et joue de la guitare.
Yeux verts.
Aime la natation.

Dave
1 mètre 81
Chanteur "pop".
Yeux bleus.
Aime les animaux.

Gérard Lenormand
1 mètre 78
Chanteur "folk".
Yeux bleus.
Aime le cinéma.

1. Which singer is the tallest? the shortest? _____
   _____

2. Which ones play a musical instrument? _____
   _____

3. Which ones have the same color eyes? _____
   _____

4. Which one is most likely to sing a song such as "500 Miles" or "À la claire fontaine"?
   _____

5. Which one is most likely to have several pets? _____
   _____

6. Which one likes to drive fast cars? _____
   _____

67

F. **J'aime bien. . .** Choose a relative from each of the following categories. After giving a short description of that person (size, hair and eye color), explain how he/she is related to you and tell a little about his/her life.

MODÈLE: tante
J'aime bien ma tante Béatrice. Elle est très petite. Elle a les yeux bleus et les cheveux blonds. C'est la sœur de mon père. Elle est mariée et elle a deux fils. Elle habite à New Haven. Elle travaille à la maison.

1. oncle

_____

_____

_____

_____

2. tante

_____

_____

_____

_____

3. cousine

_____

_____

_____

_____

4. cousin

_____

_____

_____

_____

Révision

The present tense of the irregular verb **faire**

je fais	**nous faisons**
tu fais	**vous faites**
il, elle, on fait	**ils, elles font**

G. **Les activités.** You and some friends are discussing your activities. Complete the questions and answers using the appropriate form of the verb **faire.**

1. Joseph, est-ce que tu _____*fais*_____ du ski?

2. Je _____ du ski nautique.

3. Élisabeth, toi et ton mari, est-ce que vous _____ du tennis?

4. Oh, oui, nous _____ du tennis.

5. Est-ce que Jacques _____ beaucoup de promenades?

6. Non, mais les sœurs de Jacques _____souvent des promenades.

H. **Ma famille.** Complete each sentence using one or more of the expressions listed below. You can qualify what you say by using **souvent, rarement, ne . . . jamais,** etc.

MODÈLE: ma mère
   Ma mère fait souvent du ski. ou:
   Ma mère ne fait jamais de ski.

Expressions: **faire du sport / faire du tennis / faire du ski / faire de la moto / faire du vélo / faire des promenades**

1. je

_____

2. mon ami(e) . . .

_____

3. mes parents

_____

4. mon frère (ma sœur, mon cousin, ma cousine) et moi, nous

_____

I. **Une interview.** You have been chosen to interview the new French exchange student at your school. Prepare questions that you could ask in order to get the following information. Do not translate word for word. Instead, look for French equivalents. Ask:

1. his/her name

_____

2. where he/she lives

_____

3. whether he/she lives in a house or an apartment

_____

4. how many brothers and sisters he/she has

_____

69

5. what he/she is studying

_____

6. whether he/she prefers sports or music

_____

7. what he/she likes to do on the weekend **(pendant le week-end)**

_____

8. if he/she likes to go skiing; why or why not

_____

Mise au point _____

(Chapitres quatre, cinq et six)

Lecture: *Permettez-moi de me présenter*

Je m'appelle Chantal Cazenave et je suis française. Je passe cette année à Boston où je fais des études dans un lycée. C'est ma première visite aux États-Unis. Je suis ici parce que je voudrais améliorer mon anglais et parce que je désire faire connaissance des Américains.

J'habite avec une famille américaine. Le père est professeur de sciences politiques à l'Université de Boston et ma "mère américaine" est psychologue. Ils ont deux enfants—un fils et une fille. Ils habitent dans une grande maison. J'ai une chambre à moi où il y a une chaîne stéréo et des disques français et américains. J'adore la musique et quand je fais mes devoirs, j'aime écouter la musique des compositeurs classiques. J'ai beaucoup de livres et une machine à écrire. Je ne regarde pas souvent la télévision; j'aime mieux aller au cinéma.

Ma famille habite à Besançon, en France. J'ai deux frères et une sœur. Mon père est avocat et ma mère est assistante sociale. Ils habitent dans un grand appartement avec un chien et deux chats. Mes frères aiment les sports et ma sœur travaille dans l'édition. Je suis très contente d'être à Boston, mais je téléphone souvent en France parce que j'aime beaucoup ma famille.

A. **Les mots apparentés.** Circle in the reading all the cognates whose meaning you can guess because of their similarity to English.

B. **Vrai ou faux?** On the basis of the reading passage, indicate which of the following statements about Chantal Cazenave are true (**vrai**) and which are false (**faux**).

_____ 1. Elle est d'origine canadienne.

_____ 2. Elle visite souvent Boston.

_____ 3. Elle parle anglais.

_____ 4. Elle a une tante américaine.

_____ 5. Elle aime beaucoup le jazz.

_____ 6. Elle aime le cinéma.

_____ 7. Il y a six personnes dans la famille de Chantal.

_____ 8. Le père et la mère de Chantal travaillent.

_____ 9. La sœur de Chantal est étudiante universitaire.

_____10. Elle n'aime pas Boston.

C. **Un autoportrait.** Your class is going to France for a two-week visit. As part of your trip, you will stay with a French family. To help the organizers match students and families, each American student has been asked to write a short self-portrait. Give basic information about yourself (such as your name, where you live, and where you are from) and describe your family, your possessions, your activities, and your likes and dislikes. Use a separate sheet of paper.

D. **Jeu: Qui gagne l'ordinateur?** Five students of different nationalities are attending school in Switzerland. One of them would like a computer, but his/her parents refuse to buy one. Consequently, he/she enters a lottery and wins the first prize—a computer! Using the clues given on the next page, figure out which of the five students wins the computer.

Hint: After reading each clue, write something down. If you can fill in one of the boxes in the chart, do so. For example, for the statement **Le garçon canadien a un frère et une**

71

soeur, put **Montréal** in the city box next to the number 2 in the brother/sister column. If you don't have enough information to fill in a box, jot down a connection. For example, for **Éric aime écouter des disques,** write down **Éric—disques—musique.**

Attention: Only one name or number or item can fit into each box.

Les élèves s'appellent Jean, Louise, Éric, Sara et David.
Ils sont de Londres, Paris, New York, Montréal et Madrid.
Ils ont le nombre suivant de frères et de sœurs: 0, 1, 2, 3, 4.
Les professions des pères des élèves sont avocat, ingénieur, homme d'affaires, médecin et professeur.
Les élèves aiment beaucoup la danse, le football, le cinéma, le théâtre et la politique.
Ils ont (ou voudraient avoir) une voiture, un magnétoscope, un ordinateur, une chaîne stéréo et une motocyclette.

1. Le garçon canadien a un frère et une sœur.
2. Éric aime écouter des disques.
3. La fille anglaise s'intéresse beaucoup aux élections.
4. Éric n'est pas canadien.
5. Le père de Sara travaille dans un lycée. Il enseigne la littérature.
6. L'élève qui a une Kawasaki 500 a un frère.
7. Sara aime regarder les films d'horreur.
8. Le père de Sara parle espagnol à la maison.
9. Le fils du médecin a beaucoup de disques.
10. L'élève qui aime les sports est canadien.
11. Le médecin a trois filles et deux fils.
12. Le fils de l'homme d'affaires aime beaucoup Shakespeare et Molière.
13. Jean adore le football.
14. Louise est la fille de l'ingénieur.
15. Sara a deux frères et une sœur.
16. Le père canadien n'est pas ingénieur et il n'est pas dans le commerce.
17. David voudrait être à Broadway.
18. Le fils de l'avocat a une Volkswagen.
19. La fille du professeur invite des amis à regarder des vidéos.
20. Le fils de l'homme d'affaires a un frère, mais il n'a pas de sœurs.

Nom	Ville d'origine	Frères et sœurs	Profession du père	Activités	Possessions
		0			
		1			Kawa
	Montréal	2			
		3			
		4	médecin		

Unité trois

On se renseigne

Planning Strategy

The French-speaking exchange student in your school is having trouble giving and getting directions. Suggest some phrases and sentences he/she might use to accomplish the following tasks.

1. *Find out from a stranger the location of the town library.*

   _____

   _____

2. *Find out from you if there is a drugstore nearby.*

   _____

   _____

3. *Explain to someone how to walk from school to your house (or from the bus stop to your house).*

   _____

   _____

4. *Explain to a passerby how to get from school to somewhere in town.*

   _____

   _____

73

Chapitre sept

Faisons connaissance de la ville!

Lexique

Pour se débrouiller

Pour demander un renseignement

Pardon, . . .
Où est . . . ?
Est-ce qu'il y un(une) . . . près d'ici?

Pour donner un renseignement

dans l'avenue
dans la rue

Pour demander et indiquer l'âge

Quel âge avez-vous (as-tu)?
J'ai . . . ans.

Thèmes et contextes

Les bâtiments commerciaux

une banque
une boucherie
une boulangerie
un bureau de tabac
un cinéma
une discothèque
une épicerie
un hôtel
une librairie
une pharmacie
un restaurant
un théâtre

Les bâtiments et les lieux publics

l'aéroport (m.)
la bibliothèque
le bureau de poste
une cathédrale
une école
une église
le commissariat de police
la gare
l'hôpital (m.)
l'hôtel de ville
un lycée
un musée
un parc
une piscine
un stade
une synagogue
une université

Les jeux

le base-ball
le basket
les boules (f.pl.)
les échecs (m.pl.)
le flipper
le football (américain)
le Monopoly
la pétanque
le tennis
le volley

Vocabulaire général

Nom	*Autres expressions*	
la ville	d'abord	quelquefois
	de temps en temps	rarement
Verbe	ensuite	souvent
aller	là-bas	toujours
	ne . . . jamais	

Deuxième étape (p. 140 – p. 147)

F. **Lisons!** Choose four people (yourself and three family members or friends) with varying interests. Read the following extract from the entertainment page of a French newspaper, looking for the activity that each person would enjoy the most. Explain **in English** what each person would do and why.

SPECTACLES
le 20 octobre

Théâtres
    Comédie-Française, **Le Misanthrope** (Molière)
    Huchette, **La Cantatrice chauve** (Ionesco)
    Marigny, **Napoléon**
Cafés-Théâtres
    Au Lapin Agile, **Chansons, humour, poésie**
    Les Blancs-Manteaux, **Les Kamikazes de l'Oncle Sam**
Concerts
    Athénée, **Janet Baker**, mezzo; **Geoffrey Parsons**, piano (Mozart, Purcell, Brahms)
    Salle Gaveau, **Jean-Michel Ferran**, piano (Schubert, Prokofiev)
Cinémas
    Capri, **Retour vers le futur**
    Rex, **Rocky IV**
    Saint-Michel, **Vampire, vous avez dit vampire?**
    Studio Bertrand, **L'Ami américain**
Musées
    Centre Georges-Pompidou, **Paris-Moscou**
    Le Louvre, **de Vinci**
    Musée de l'Art Moderne, **Braque et Picasso**

_____

_____

_____

_____

_____

_____

_____

_____

77

G. **On s'amuse.** *(We're having fun.)* Based on the following pictures, indicate where the people are enjoying themselves.

1. *un théâtre*

2. _____

3. _____

4. _____

5. _____

6. _____

7. _____

8. _____

Révision

The preposition **à** and the definite article

> **à + le** ⟶ **au**
> **à + la** ⟶ **à la**
> **à + l'** ⟶ **à l'**
> **à + les** ⟶ **aux**

H.   Ce soir. *(Tonight.)* When someone asks where you and your friends are going tonight, everyone has a different suggestion. Fill in the blanks with the appropriate form of **à** and the definite article.

— Où est-ce que nous allons ce soir?   _____ café!   _____ théâtre!

_____ discothèque!   _____ cinéma!   _____ université!

_____ restaurant!   _____ parc!   _____ piscine!

I.   C'est impossible! Each time you invite some friends to go somewhere, they refuse and explain that it is impossible because they are going somewhere else.

MODÈLE: Je (cinéma) / Jeanne (bibliothèque)
       — *On va au café?*
       — *C'est impossible! Moi, je vais au cinéma et Jeanne va à la bibliothèque.*

1. je (discothèque) / Michel (cinéma)

   On va au théâtre?_____

   _____

2. Yvette et Jacqueline (musée) / je (cathédrale)

   On va au parc?_____

   _____

3. Claire (restaurant) / Vincent et moi, nous (université)

   On va au cinéma?_____

   _____

4. je (église) / les autres (gare)

   On va à la discothèque?_____

   _____

J.   Quand ma famille va en ville. *(When my family goes into town.)* Write sentences about the members of your family (or substitute a friend where necessary). Indicate where they go when they are in town or in the city. When appropriate, use expressions such as **souvent, toujours, ne . . . jamais,** etc.

1. ma mère_____

   _____

79

2. mon frère _____

_____

3. je _____

_____

4. mes parents _____

_____

5. mon père et moi, nous _____

_____

Troisième étape (p. 148 – p. 153)

K. **Lisons!** You are visiting some friends who live in the town of Épernay. This morning you need to return a library book for them, get a newspaper, and buy food for lunch (bread, cheese, and fruit). Study the map. Then explain briefly *in English* where you will go and what you will do there. Plan an itinerary that will enable you to do your errands as quickly and efficiently as possible.

Les Frères Duval, bouchers

la maison de vos amis

La Maison de la Presse, tabac-journaux

rue de Breban

rue de Reims

la bibliothèque

avenue Jaurès

rue de Verdun

Boulangerie-pâtisserie Veziano

avenue du Maréchal Foch

Banque Nationale de Paris

avenue de Champagne

épicerie Robert

_____

_____

_____

_____

_____

_____

_____

_____

_____

81

L. **Où sommes nous?** Identify each of the places pictured in the drawings.

1. _une librairie._

2. _____

3. _____

4. _____

5. _____

6. _____

M. **Où va tout le monde?** *(Where is everybody going?)* Your grandparents arrive just as you and your family are going out. They ask you where everyone is going and then try to find out just where each place is located.

MODÈLE: ta sœur Annie / banque / dans la rue Durand
    — *Où va ta sœur Annie?*
    — *Elle va à la banque.*
    — *Est-ce qu'il y a une banque près d'ici?*
    — *Oui, il y a une banque dans la rue Durand.*

1. ta sœur Mireille / boulangerie / dans la rue des Fontaines

_____

_____

_____

_____

2. ton frère Bernard / librairie / dans l'avenue du Monument

_____

_____

_____

_____

3. ton frère François / bureau de tabac / dans l'avenue de la Gare

_____

_____

_____

_____

4. tes parents / pharmacie / dans la rue St-Gervais

_____

_____

_____

_____

N. **Le plan de la ville de Nancy.** In making a map of the northeastern French city of Nancy, the printer has inadvertently left off the legend. Using the symbols as a guide, match the names of the various buildings and sites with their numbers. Be sure to include the definite article (**le, la, l', les**). Write the names on the lines provided on page 84.

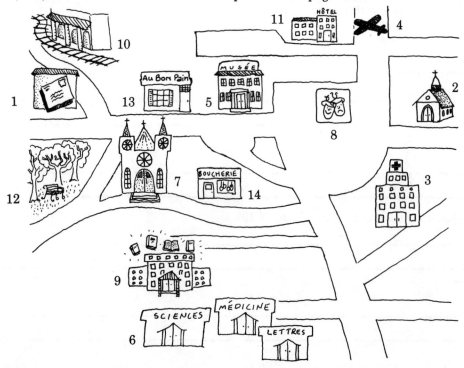

aéroport	Cathédrale de Nancy	Hôtel La Lorraine
Bibliothèque Municipale	Église St-Sébastien	Musée de l'École de Nancy
boucherie	Gare Centrale	Parc de la Pépinière
boulangerie	Grand Théâtre	Université de Nancy
bureau de poste	hôpital militaire	

1. _____   8. _____
2. _____   9. _____
3. _____   10. _____
4. _____   11. _____
5. _____   12. _____
6. _____   13. _____
7. _____   14. _____

Révision

The numbers from 11 to 29

11 onze	15 quinze	19 dix-neuf
12 douze	16 seize	20 vingt
13 treize	17 dix-sept	21 vingt et un
14 quatorze	18 dix-huit	22 etc. vingt-deux, *etc.*

O. **Quel âge ont-ils?** You are staying with your French pen pal who has a very large family. Ask how old he and his brothers and sisters are.

MODÈLE: Angèle / 13
— *Quel âge a Angèle?*
— *Elle a treize ans.*

1. Jean-François / 11

_____

_____

2. Martine / 28

_____

_____

3. les jumeaux *(twins)* Pierre et Henri / 19

_____

_____

4. tu / 16

_____

_____

Chapitre huit
Où se trouve . . . ?

Lexique

Pour se débrouiller

Pour demander un renseignement

Où se trouve . . . ?
. . . , s'il vous plaît?

Pour donner un renseignement

à côté de
au bout de
au coin de
derrière
devant
en face de
entre
loin de
près de

Pour expliquer comment aller quelque part

continuer tout droit
       jusqu'à. . .
dans l'avenue
dans la rue
sur le boulevard
sur la place
tourner à droite
     à gauche
traverser

Thèmes et contextes

Les instruments de musique

la batterie
la clarinette
la flûte
la guitare
le piano
le saxophone
le trombone
la trompette
le violon

Vocabulaire général

Nom

le plan

Autres expressions

je ne sais pas
par mois

2. librairie

_____

_____

_____

3. restaurant

_____

_____

_____

Révision

Prepositions of place

> **près (de)**
> **loin (de)**
> **à côté (de)**
> **en face (de)**
> **au bout (de)**
> **au coin (de)**

Remember that **de** is not used with the prepositions **devant, derrière** and **entre**.

E. **Où est. . . ?** Using the prepositions **près de, loin de, à côté de, en face de, au bout de, au coin de,** locate as precisely as possible the following places in Nancy. (See the map on Workbook p. 83.)

MODÈLE: la boulangerie
    Elle est près de la gare, en face de la cathédrale de Nancy.

1. le Grand Théâtre_____

2. la Bibliothèque Municipale_____

_____

3. le bureau de poste

_____

4. le Parc de la Pépinière_____

_____

5. l'Église St.-Sébastien_____

_____

6. l'Hôtel de la Lorraine_____

_____

F. **La ville où je suis né(e).** *(The town where I was born).* Using prepositions of place (**près de, en face de, derrière, entre,** etc.), describe where the following places are located in your home town or city. Add proper names where appropriate—**le restaurant Criterion, l'hôpital Memorial,** etc.

MODÈLE: ma maison
Ma maison est près de la Bibliothèque Highland. Elle est derrière l'Église First Methodist.

1. ma maison_____

_____

2. la gare ou l'aéroport_____

_____

3. l'église_____

_____

4. l'école_____

_____

5. le bureau de poste_____

_____

6. le restaurant_____

_____

Deuxième étape   (p. 162 – p. 169)

G. **Lisons!** In guidebooks, writers often use the infinitive, rather than the present tense or the imperative, when laying out an itinerary. Read the following itinerary for a tour of Nîmes, a city located in southern France that is renowned for its Roman monuments. Then trace the route on the map below. Vocabulary aids: **prendre** means *to take*, **suivre** means *to follow*, **laisser** means *to leave*.

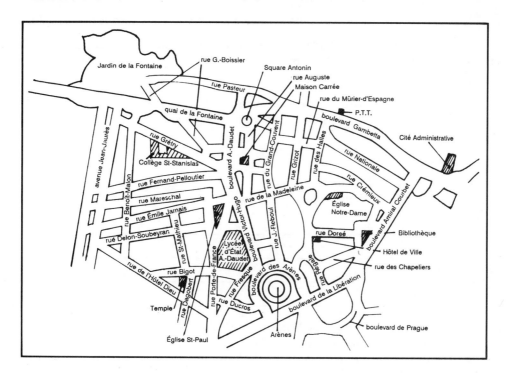

Prendre comme point de départ de la visite le boulevard des Arènes.
Visiter les Arènes (l'amphithéâtre de Nîmes).
Suivre en auto le boulevard Amiral-Courbet jusqu'au boulevard Gambetta. Tourner à gauche et suivre le boulevard Gambetta jusqu'au square Antonin; prendre le boulevard A.-Daudet. Laisser la voiture près de la Maison Carrée.
Visiter la Maison Carrée (un temple romain).
Reprendre la voiture. Suivre la rue Auguste et tourner à gauche après *(after)* le square Antonin, puis suivre le quai de la Fontaine jusqu'au Jardin de la Fontaine.
Visiter le parc.
Reprendre la voiture et revenir aux Arènes par le boulevard Victor-Hugo.

H. **Des ratures.** *(Erasures.)* You and your friends at the Lycée Camus (p. 165 of your text) have been given written instructions on how to get to various points in the city from your school. Unfortunately, certain parts of the instructions have been erased.

1. Complete these instructions, using appropriate forms of the verbs **aller, continuer, tourner,** and **traverser.**

Vous _____ au Musée des Beaux-Arts. Vous _____ à droite dans

la rue Notre-Dame et vous _____ jusqu'au boulevard Victor-Hugo.

_____ à gauche et _____ tout droit. Vous _____ la place

de la Révolution et le musée est sur votre gauche, à côté du restaurant La Bonne Soupe.   **91**

2. This time some prepositions and adverbs are missing. Complete the directions using expressions such as **au, sur le, dans la, près de, à gauche,** etc.

Vous allez au Théâtre Municipal. Vous tournez _____

la rue Notre-Dame et vous allez _____ boulevard Victor-Hugo.

Vous tournez _____ boulevard et vous continuez

_____ place de la Libération. Vous tournez _____

_____ le boulevard Gambetta et vous continuez _____. Le théâtre
est sur votre gauche, en face du parc.

I. **Pour aller à la place de la Libération...** Using the map on p. 165 of your text, complete the
following conversations by telling how to get where the person wishes to go. Pay attention to
your starting point.

1. Vous êtes à la gare.
   — Pardon. L'Hôtel Zola, s'il vous plaît?
   — L'Hôtel Zola? Il est dans la rue Émile-Zola.
   — C'est loin d'ici?
   — Non. Vous_____

   _____

   _____

   _____

2. Vous êtes devant la cathédrale St-Vincent de Paul.
   — Est-ce qu'il y a une pharmacie près d'ici?
   — Oui, il y a une pharmacie dans la rue de Verdun.
   — Où est la rue de Verdun?
   — Bon. Vous_____

   _____

   _____

   _____

Révision

The imperative

The imperative is usually formed by using the present-tense form (**tu, vous, nous**) of the
verb without the subject (**avoir** and **être** are exceptions). Remember that the **-s** of the **tu**
form is dropped for regular **-er** verbs and for **aller:**

regarder	**aller**	**faire**	**avoir**	**être**
regarde!	va!	fais!	aie!	sois!
regardez!	allez!	faites!	ayez!	soyez!
regardons!	allons!	faisons!	ayons!	soyons!

J. **Les petits.** You have been left with Nicole and Henri, the three- and four-year-old children of your parents' French friends. At various times, you have to tell the children, individually and together, what to do and what not to do. You also suggest activities for the three of you.

1. Dites à Nicole de (a) parler anglais et (b) être sage.

   a. _____

   b. _____

2. Dites à Henri de (a) faire attention et (b) manger.

   a. _____

   b. _____

3. Dites à Nicole et à Henri de (a) ne pas regarder la télévision et (b) avoir de la patience.

   a. _____

   b. _____

4. Proposez de (a) aller au parc et (b) chanter.

   a. _____

   b. _____

K. **Pour aller au (à la). . .** A person who speaks only French is staying with your family. Give this person simple directions on how to get from your house to two places (of your choice) in the town. To be as specific as possible, mention streets, landmarks, etc.

MODÈLE: *Pour aller à la pharmacie, vous tournez à gauche dans la rue Main. Vous continuez jusqu'à l'avenue Washington. Vous traversez l'avenue et la pharmacie est à côté du restaurant White Hat.*

1. _____

   _____

   _____

   _____

2. _____

   _____

   _____

   _____

Chapitre neuf
Allons au festival!

Lexique

Pour se débrouiller

Pour organiser une activité

Qu'est-ce que tu voudrais faire?
             vous voudriez voir?
     Je voudrais voir. . .
     Nous voudrions aller. . .
     Allons. . .
     Faisons. . .

     D'accord. Bonne idée.
     Oui. Pourquoi pas?

Pour fixer un rendez-vous

À quelle heure est-ce qu'on se retrouve?
Où est-ce qu'on se retrouve?
     On se retrouve à. . .
     Rendez-vous à. . .

Pour demander et donner l'heure

Quelle heure est-il?
Il est une heure.
     une heure et quart.
     une heure et demie.
     deux heures moins le quart.
     midi.
     minuit.

Pour établir la possession

À qui est . . . ?
C'est le (la, l', les) de . . .
C'est (Ce sont) son (sa, ses) . . .
           leur (leurs) , . .

Vocabulaire général

Noms

un bal
un concert d'orgue
          de rock
un défilé
les danses folkloriques (f.pl.)
la dégustation
un festival
les feux (m.pl.) d'artifice
un spectacle son et lumière
une spécialité de la région

Autres expressions

alors
C'est décidé.
tous les ans

Première étape (p. 171 – p. 177)

A. **Lisons!** Every December there is a festival in the city of Nancy celebrating the legendary Saint-Nicolas. Read the program of activities, then pick out at least four activities that various members of your family would particularly like. Specify the family member and the activity.

Le programme des festivités de Saint-Nicolas

VENDREDI 7 DÉCEMBRE

20 h 30 : concert de chorales, salle Poirel (entrée gratuite).

SAMEDI 8 DÉCEMBRE

Animation des divers quartiers de la ville avec les sociétés musicales extérieures et la participation de musiques locales et militaires.

De 14 h 30 à 17 h : spectacle pour enfants à la Pépinière.

DIMANCHE 9 DÉCEMBRE

De 11 h à 12 h : animation des divers quartiers de la ville avec les musiques extérieures.

De 15 h à 16 h 30 : concert de ces musiques place Stanislas et dans plusieurs endroits de la ville.

17 h : rassemblement du cortège au faubourg des Trois-Maisons.

17 h 15 : apparition de saint Nicolas à Saint-Epvre.

17 h 15 : départ du défilé.
Le cortège empruntera l'itinéraire suivant : rue de la Citadelle, rue Henri-Déglin, rue Grandville, rue Braconnot, Grande Rue, place Saint-Epvre, rue Lafayette, rue d'Amerval, rue Stanislas, rue des Carmes, rue Saint-Jean, rue Saint-Dizier, rue Stanislas (à contresens), place Stanislas, tour de la place, hôtel de ville, dislocation par la rue des Dominicains.

18 h 15 : arrivée du cortège place Stanislas.

18 h 30 : arrivée de saint Nicolas à l'hôtel de ville, remise de la clé de l'hôtel de ville à saint Nicolas par le maire.

18 h 35 : extinction des lumières, allocution de saint Nicolas.

18 h 40 : spectacle pyro-musical sur la légende de saint Nicolas; feu d'artifice.

---

1. _____
2. _____
3. _____
4. _____

B. **À la Fête des Fleurs.** You and some French friends are going to the festival in Tarascon. Give the itinerary for a typical day at the festival, using the expressions suggested.

Expressions: **acheter quelque chose à manger à une briocherie / aller au spectacle son et lumière / danser au bal / écouter le concert de rock / manger des spécialités de la région / regarder le défilé / rentrer / retrouver mes amis / voir les feux d'artifice**

D'abord *on achète quelque chose à manger à une briocherie* .

Ensuite _____ .

Puis _____ .

Ensuite _____ .

97

Pour le dîner _____ .

A 21h30 _____ .

Après le spectacle _____ .

Puis _____ .

Enfin _____ .

Révision

Quelle heure est-il?

Il est huit heures.	(8h)
huit heures dix.	(8h10)
huit heures et quart.	(8h15)
huit heures et demie.	(8h30)
neuf heures moins vingt.	(8h40)
neuf heures moins le quart.	(8h45)
midi.	(12h)
minuit.	(12h)

To distinguish between A.M. and P.M., specify morning **(du matin)**, afternoon **(de l'après-midi)**, or evening **(du soir).**

C. **Les aiguilles de l'horloge.** *(The hands of the clock.)* On the basis of the times given below in French, add the missing hands to each clock.

1. Il est six heures cinq.

2. Il est quatre heures.

3. Il est onze heures moins le quart.

4. Il est une heure et demie.

5. Il est midi.

6. Il est neuf heures moins dix.

D. **Quelle heure est-il?** Answer this question for each of the digital clocks shown below.

7:00

1. _Il est sept heures_ _____

11:45

2. _____

2:09

3. _____

4:25

4. _____

8:53

5. _____

6:30

6. _____

Deuxième étape   (p. 178 – p. 185)

E. **Lisons!** Read the recommended itinerary for a visit to the Hôtel des Invalides, a former military hospital on the Left Bank in Paris that is now the burial place of Napoleon. As you read, compare the directions with the map of the area in order to find and correct the mistakes made by the guidebook writer.

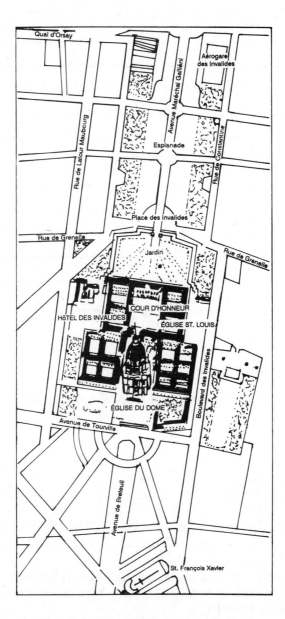

Prendre comme point de départ de la visite l'aérogare de Paris.

Tourner à droite dans l'avenue Maréchal Galliéni. Continuez jusqu'à la place des Invalides.

Traverser le jardin et entrer dans la Cour d'Honneur.

Visiter l'Église du Dôme, où se trouve le tombeau de Napoléon.

Tourner à gauche dans l'avenue de Tourville. Ensuite suivre l'avenue de Breteuil jusqu'à l'Église St-Séverin.

Passer devant l'église et prendre le boulevard des Invalides.

Suivre le boulevard des Invalides et ensuite la rue de Grenelle pour retourner à l'aérogare de Paris.

101

F. **Rendez-vous. . .** While sitting in your social studies class, you sometimes get bored and write notes to your friends in French. Use the expressions you have learned to make the following plans.

MODÈLE:　go to the movies / tonight / your house / 6:30

Marie (Pierre)—allons au cinéma ce soir. Rendez-vous à 6h30 chez moi. D'accord?

1. go to the rock concert / tomorrow night / your house / 6:00

_____

_____

2. go to see the fireworks / Friday night / in front of St. Joseph's church / 9:15

_____

_____

3. go downtown shopping / tomorrow afternoon / his(her) house / 1:30

_____

_____

4. go see the parade / Saturday morning / across from the post office / 10:45

_____

_____

Révision

Possessive adjectives—third person

Remember that the possessive adjective in French agrees with the object possessed, not with the possessor.

Masc.	*Fem.*	*Plural*
son*	sa	ses
leur	leur	leurs

*Son is also used with feminine nouns that begin with a vowel or a vowel sound.

G. **Bien sûr.** *(Of course.)* When a friend asks if certain objects belong to people you know, indicate that the answer is obviously affirmative by using **bien sûr** and the appropriate third-person form of the possessive adjective.

MODÈLE:　C'est la voiture de Charles?

Bien sûr, c'est sa voiture.

1. C'est le sac de Sylvie?

_____

2. C'est la maison de tes parents?

_____

3. Ce sont les clés de ton frère?

_____

4. Ce sont les disques de tes cousins?

_____

5. C'est la voiture de ton oncle?

_____

6. C'est l'adresse de tes amis?

_____

7. Ce sont les cassettes de tes sœurs?

_____

8. Ce sont les devoirs de Michel?

_____

H. **"His and hers."** Give the French equivalents of the following English phrases.

1. his calculator_____

   her calculator_____

2. her keys_____

   his keys_____

3. his pen_____

   her pen_____

4. her record_____

   his record_____

5. her address_____

   his address_____

I. **L'inventaire.** *(Inventory.)* Your brother Pierre and sister Danielle have been away at college. When they come home, your father watches them unpack and describes what the two of them have brought back. Complete your father's description with the appropriate possessive adjectives.

— Bon. Pierre a ___*son*___ appareil-photo, _____ chaîne stéréo, _____

disques et _____ sac à dos.

— Danielle a _____ calculatrice, _____ vélo et _____

cahiers; elle n'a pas _____ appareil-photo.

— Très bien. Ils ont _____ télévision, _____ livres et

_____ ordinateur. Mais où est _____ argent?!?

103

Révision

Possessive adjectives—all persons

mon, ma, mes	**notre, notre, nos**
ton, ta, tes	**votre, votre, vos**
son, sa, ses	**leur, leur, leurs**

J. **Lequel aimes-tu mieux?** *(Which one do you like better?)* In each case, indicate whether you prefer the item pictured below or a similar item belonging either to you or to your family. Use a possessive adjective in your answer.

MODÈLE: Lequel aimez-vous mieux—ton vélo ou le vélo de Michèle?
J'aime mieux mon vélo. ou *J'aime mieux son vélo.*

la chaîne stéréo de Gerard

notre voiture

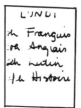

mon programme

la maison des Blanchot

le vélo de Michèle

les posters de Chantal

1. Laquelle aimes-tu mieux—ta chaîne stéréo ou la chaîne stéréo de Gérard?

_____

2. Laquelle aimez-vous mieux—votre maison ou la maison des Blanchot?

_____

3. Lesquels aimes-tu mieux—tes posters ou les posters de Chantal?

_____

4. Laquelle aimez-vous mieux—votre voiture ou notre voiture?

_____

5. Lequel aimes-tu mieux—ton programme ou mon programme?

_____

Mise au point

(Chapitres sept, huit et neuf)

Lecture: *Combourg*—*ville historique*

A friend of yours has been invited to spend two weeks with a French family in the small town of Combourg, in Brittany. His/her French hosts have sent a tourist brochure for the region. Read the brochure and help your friend get an idea of what Combourg will be like. Caution: You will probably not understand every word. Use the French you know and your general knowledge to figure out as much as you can.

COMBOURG — VILLE HISTORIQUE

COMBOURG, «imposant massif féodal» rendu fameux par François-René de Chateaubriand, est placé au cœur d'une région particulièrement pittoresque.

Son château est l'un des mieux conservés de Bretagne. Actuellement la cité comprend la ville basse autour du château, avec ses anciennes maisons et son centre commercial, et la ville haute moderne, résidentielle avec ses installations sportives.

gastronomie—loisirs
* nombreux hôtels-restaurants et crêperies;
* camping municipal;
* visite du château et de son parc;
* piscine municipale couverte;
* stade (football, basket-ball, tennis, athlétisme);
* salle omnisports;
* deux salles de cinéma-spectacles;
* de nombreux étangs et rivières (truites).

A. **Compréhension.** Answer the following questions about Combourg.

1. What are the two main parts of the city? _____

_____

2. Your friend loves sports and outdoor activities. Name as many attractions as possible of this kind. _____

_____

_____

3. What other tourist activities do Combourg and its region offer? _____

_____

_____

B. **Votre région.** Create a small brochure advertising your area to French-speaking tourists. Include a title, a short general description, a list of attractions, and a map of places of interest and of activities. Use a separate sheet of paper.

105

C. **Mots croisés.** Do the following crossword puzzle in French by filling in the words missing from the clues. It is not necessary to worry about accent marks: the letter **E** can stand for **é** or **è** or **ê** or **e**.

Horizontalement

1. On achète des choses sucrées et des choses salées à une _____.

5. On achète un journal *(newspaper)* dans un bureau de _____.

8. Vous allez souvent _____ théâtre?

9. Ils habitent près d'ici? Quelle est _____ adresse?

10. Je _____ voudrais pas être ingénieur.

11. Marc est un élève sérieux. Il fait toujours ses devoirs. Il _____ beaucoup.

12. Qui _____ à la piscine? Vous y allez? Tiens! Nous aussi.

13. Quel est le nom de la _____ où tu habites?

14. Est-ce qu'il y a _____ épicerie près d'ici?

15. Les jeunes Français font des études secondaires dans un collège ou dans un _____.

18. Où est Cécile? Voici _____ livres.

20. Où est la bibliothèque, s'il vous plaît? / Je ne sais pas. Demandez à l' _____ de police au coin.

23. J'ai, tu as, elle a, nous avons, etc. Ce sont les formes du verbe _____.

24. Le continent où se trouve la France s'appelle l' _____.

26. L' _____ Saint-Sauveur, elle est protestante ou catholique?

27. Quel âge avez-vous? J'ai 17 _____.

28. Vous avez des lettres à envoyer *(to send)* ? Allez au bureau de _____.

106

Verticalement

1. Il y a beaucoup d'argent dans une _____.

2. S'il vous plaît, la _____ Mazeppa, elle est près d'ici?

3. Le maire et ses adjoints travaillent à l' _____ de ville.

4. Je suis _____ dans un lycée à Bordeaux.

5. Jacqueline _____ la rue pour aller à la pharmacie.

6. Les gens du Midi (du sud de la France) aiment jouer aux _____.

7. On retrouve ses amis au _____ pour parler et pour prendre quelque chose.

16. On va voir le film *Diva* au _____ Rex.

17. Vous aimez voyager par le train? Il y a cinq _____ à Paris: St-Lazare, Montparnasse, etc.

19. On fait du sport au _____.

21. Est-ce que _____ as tes clés?

22. _____, je préfère la musique moderne.

23. Quel _____ avez-vous?

25. Ma sœur et moi, nous cherchons _____ cassettes. Est-ce qu'elles sont chez vous?

Unité quatre

On va en ville

Planning Strategy

Your friend, the French exchange student, is having trouble finding certain English words and expressions. Suggest what he/she might say in the following situations.

1. *To invite an American friend to go downtown with him/her (where? why? when? how?)* _____

    _____

    _____

    _____

2. *To invite his/her American host parents to go out to dinner (when? where?)*

    _____

    _____

3. *To take a taxi (where? how long it takes? fare? tip?)* _____

    _____

    _____

Chapitre dix

Tu voudrais aller en ville avec moi?

Lexique

Pour se débrouiller

Pour dire oui ou non à une proposition

d'accord
je ne peux pas
c'est impossible

Pour organiser une excursion en ville

On prend l'autobus.
       le métro.
       un taxi.
       sa voiture.
       son vélo
On y va à pied.
Quand est-ce qu'on y va?
Quand est-ce que tu voudrais y aller?
       aujourd'hui
       ce matin
       cet après-midi
       ce soir
       demain (matin, après-midi, soir)

Pour quoi faire?

avoir rendez-vous avec
avoir une course à faire
faire des achats
faire du lèche-vitrine
faire une course
je dois
n'avoir rien à faire
retrouver quelqu'un

Pour parler de ses projets

aller + infinitive
avoir envie de + infinitive

Pour demander le jour qu'il est

C'est aujourd'hui . . . ?

Thèmes et contextes

Les jours de la semaine

lundi
mardi
mercredi
jeudi
vendredi
samedi
dimanche

Vocabulaire général

Verbes	*Autre expression*
apprendre	justement
comprendre	
entrer (dans)	
prendre	
quitter	
rester	

110

Première étape (p. 197 – p. 203)

A. **Pourquoi est-ce qu'ils vont en ville?** Based on the drawings, tell why each person is going downtown. Use **pour** + an infinitive in your answer.

MODÈLE: Pourquoi est-ce que Jeanne-Marie va en ville?
— *Elle va en ville pour faire des achats.*

1. Pourquoi est-ce que Jacques va en ville?

_____

2. Pourquoi est-ce que Clotilde va en ville?

_____

111

3. Pourquoi est-ce que Yves et Sophie vont en ville?

_____

4. Pourquoi est-ce que Juliette et Christine vont en ville?

_____

5. Pourquoi est-ce que Marcel va en ville?

_____

Révision

The immediate future

je vais danser	nous allons travailler
tu vas chanter	vous allez faire du ski
elle va parler	ils vont aller en ville

B. **Pas aujourd'hui, mais demain.** Say that you and your friends are not doing certain things today **(aujourd'hui),** but that you will do them tomorrow **(demain).**

MODÈLE: Anne-Marie / aller à l'école
— *Anne-Marie ne va pas à l'école aujourd'hui, mais elle va aller à l'école demain.*

1. je / retrouver mes amis au café

   _____

   _____

2. Jean-Paul / aller en ville

   _____

   _____

3. nous / faire des achats

   _____

   _____

4. mes amis / faire leurs devoirs

   _____

   _____

5. tu / être à l'école

   _____

   _____

6. mes frères / rester à la maison

   _____

   _____

113

C. **Comment aller de la gare au. . .** You live in a small town near the city shown on the map below and are supposed to visit the **Musée Archéologique.** Your mother explains how to walk as directly as possible from the railroad station to the **musée.** She uses the present tense and/or the imperative.

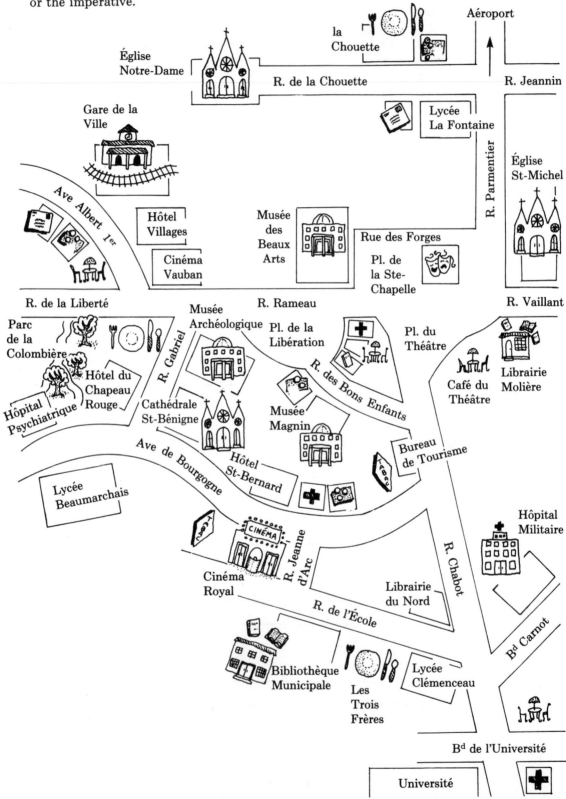

Tu es à la gare. Tu tournes à gauche dans _____

_____

_____

_____

_____

You have other ideas. You explain to a friend that you are going to take a bus to the **place du Théâtre,** where you are going to meet your boyfriend **(retrouver mon petit ami)** or your girl-friend **(ma petite amie).** You are going to walk from the **Café du Théâtre** to the **Cinéma Royal.** Use the verb **aller** + an infinitive to describe your route.

Je ne vais pas aller au Musée Archéologique. Je vais aller à la place du Théâtre où _____

_____

_____

_____

D. **Moi, je vais aller en ville aussi.** When you go downtown, your parents insist on knowing exactly where you are going and what you are going to do. Complete the following statements with explanations that you might give your parents.

MODÈLE: J'ai rendez-vous avec des amis.
— *Je vais retrouver Valerie et Todd à la bibliothèque.*

1. Je vais faire des achats. _____

_____

2. J'ai une course à faire. _____

_____

3. J'ai envie de voir *(to see)* un film. _____

_____

4. Je vais retrouver des amis. _____

_____

5. Il n'y a rien *(nothing)* à faire à la maison. _____

_____

Deuxième étape (pp. 203 – 209)

E. **Lisons!** Your family is going to host an exchange student. In one of her letters, she has sent you a copy of her schedule at school. Your parents don't read French, so they ask you some questions about what Véronique does at school.

	LUNDI	MARDI	MERCREDI	JEUDI	VENDREDI	SAMEDI
8h00–8h30						
8h30–9h25	Latin	Anglais	Latin		Philosophie	
9h30–10h25	Sports	↓	Sciences Naturelles	Philosophie	Sciences Naturelles	
10h40–11h35	↓	Français	Anglais	Français	Anglais	
11h40–12h35	Allemand	Allemand	Soutien Anglais	Mathématiques	Education Manuelle et Technique	
12h40–13h35				Latin	Allemand	
13h40–14h35	Histoire/ Géographie	Histoire/ Géographie				
14h40–15h35	Mathématiques	Mathématiques		Histoire/ Géographie	Français	
15h40–16h35	Sciences Physiques	Dessin		Sciences Physiques	Musique	
16h40–17h35	Soutien Physique	Philosophie				
17h40–18h35						

1. How many different courses does Véronique take? _____

2. When does her philosophy class meet? _____

3. In what ways is Véronique's daily and weekly schedule different from yours?

_____

_____

_____

4. Are there any similarities between your schedule and Véronique's? What are they?

_____

_____

F. **La famille de Laurent.** Based on the drawings, write six sentences that describe the activities of Laurent and his family. In each sentence, use a time expression: **ce matin, cet après-midi, ce soir, demain matin, demain après-midi, demain soir.**

MODÈLE: *Ce matin Isabelle et Laurent vont aller à l'école.*

1. _____

2. _____

3. _____

4. _____

5. _____

118 6. _____

Révision

The days of the week

lundi   mardi   mercredi   jeudi   vendredi   samedi   dimanche

Remember that **le** when used with a day of the week indicates repetition:
le mardi *(on Tuesdays).*

G. **La semaine de Philippe.** Using the calendar as a guide, answer the questions about Philippe's life. A vertical arrow indicates something he does every week. The absence of an arrow indicates something that will occur only this week.

L	M	M	J	V	S	D
école	école	aller au parc	école	école	école	église
↓	↓		↓	↓	↓	↓
				aller au cinéma	visiter le musée	

1. Quels jours est-ce que Philippe va à l'école? *Philippe va à l'école le lundi, le mardi, le jeudi, le vendredi, et le samedi.*

2. Quels jours est-ce que Philippe ne va pas à l'école? _____

_____

3. Quel jour est-ce que Philippe va à l'église? _____

_____

4. Quand est-ce que Philippe va au parc? _____

_____

5. Quand est-ce que Philippe va visiter le musée? _____

_____

6. Quand est-ce que Philippe va aller au cinéma? _____

_____

H. **D'habitude, je . . .** Describe what you usually do on the days indicated, then tell whether or not you'll do the same thing next week.

1. Le mardi _____

   Mardi prochain _____

2. Le samedi soir _____

   Samedi prochain _____

3. Le week-end _____

   Le week-end prochain _____

4. Le mercredi matin _____

   Mercredi prochain _____

119

I. **Et vous?** Using at least five of the suggested expressions, talk about your activities for the next two days. Imagine that it is early morning and that you are thinking about what you are going to do **today** and **tomorrow.** You may limit your sentences to yourself or you may include family and friends.

Suggested expressions: **aujourd'hui, demain, ce matin, cet après-midi, ce soir, demain matin, demain après-midi, demain soir.**

MODÈLE: *Ce soir je vais regarder «The Cosby Show» à la télévision.*

1. _____
   _____

2. _____
   _____

3. _____
   _____

4. _____
   _____

5. _____
   _____

Troisième étape (p. 209 – p. 217)

J. **Lisons!** For the first time, you find yourself at a Paris bus stop. On the side of the bus shelter, you see a map like the one reprinted below. Study the map, then try to figure out the best answer to each of the questions that follow.

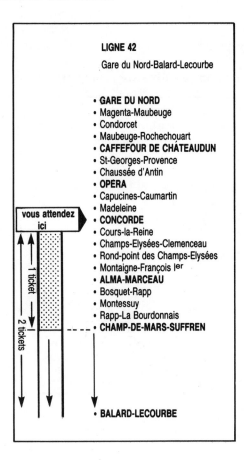

1. Where are you located now?
    a) at the Gare du Nord
    b) near the Opéra
    c) at the Place de la Concorde
    d) at the Place Balard

2. A ride to three of the following stops will require only one bus ticket. Which of the stops will require an additional ticket?
    a) to the Rond-Point des Champs-Elysées
    b) to the Pont de l'Alma
    c) to the Champ de Mars
    d) to the Place Balard

3. If you want to take the bus to the rue Condorcet, what should you do?
    a) Get on this line and wait for it to come back the other way.
    b) Ask someone what number of bus goes to the rue Condorcet.
    c) Look for a 42 bus stop on the other side of the Place de la Concorde, going in the opposite direction.
    d) Give up and take a taxi.

121

Révision

The present tense of the irregular verb **prendre**

je prends	**nous prenons**
tu prends	**vous prenez**
il, elle, on prend	**ils, elles prennent**

The verbs **apprendre** and **comprendre** are conjugated in the same way.

K. **Comment est-ce qu'ils se déplacent en ville?** Write sentences that indicate how each person gets around in the city. Remember that some expressions use **prendre** while others use **aller.**

MODÈLE: Éric
— *Éric prend l'autobus.*

1. 2. 3.

4. 5. 6.

1. Nous_____

2. Tu_____

3. Je_____

4. M. Bontemps_____

5. Vous_____

6. Mes parents_____

L. **Il apprend l'anglais, mais il ne comprend pas très bien.** You and your friends are interested in learning new things. Some of you have more success than others. Complete the following sentences with an appropriate form of **apprendre** or **comprendre.**

1. Chantal _____ le chinois. Elle _____ très bien son professeur.

2. Mon frère et moi, nous _____ l'espagnol, mais nous

   ne _____ pas très bien la grammaire.

3. Je voudrais _____ à faire du ski.

4. Qu'est-ce que vous _____ à l'école? Est-ce que vous

   _____ bien vos professeurs?

M. **Moi, je. . .** Using the expressions given below, write six sentences that tell how you get around town. Use at least one expression from each column in each of your sentences. Use as many of the words and expressions as you can.

d'habitude	aller	à pied	en ville
souvent	prendre	le métro	au . . .
toujours		l'autobus	à la . . .
de temps en temps		un taxi	à l' . . .
quelquefois		mon vélo	à . . .
rarement		la voiture	
ne . . . jamais			

MODÈLE: *D'habitude je vais à l'école à pied.* ou: *Quelquefois je prends l'autobus pour aller à l'école et quelquefois je vais à l'école dans la voiture de mon père.*

1. _____

   _____

2. _____

   _____

3. _____

   _____

4. _____

   _____

5. _____

   _____

6. _____

   _____

Chapitre onze
Prenons le métro!

Lexique

Pour se débrouiller _____

Pour proposer de faire quelque chose ensemble

Tu veux (tu voudrais) . . . ?
Vous voulez (vous voudriez) . . . ?
   Mais oui.
   Bien sûr.
   Avec plaisir.
   C'est une bonne idée.
Pourquoi pas?
   C'est impossible.
   Je ne peux pas.

Pour se débrouiller dans le métro

changer
descendre
Quelle direction?
prendre

Thèmes et contextes _____

Le métro

un billet de première
       de seconde
       de tourisme
une bouche de métro
un carnet
une carte orange
une correspondance
le guichet
un plan de métro
une station de métro

Vocabulaire général

Noms	*Adjectif*	*Autre expression*
l'année prochaine	cher (chère)	maintenant
cette semaine		
la semaine prochaine		

Première étape (p. 219 – p. 226)

A. **Lisons!** In order to get some precise information about the Paris **métro,** you consult your guidebook. Read the following section, then answer the questions that follow.

Le métro

Les Parisiens n'ont pas à se plaindre de leur "Chemin de Fer Métropolitain" : le Métro.

il est pratique

Il y a toujours dans Paris une station de métro à quelques minutes de marche. On reconnaît l'entrée au signe : Ⓜ. Le plus souvent, un grand plan permet de se renseigner sur la direction à suivre. On en trouvera un autre un peu plus bas, avant de prendre le billet. Il y en a encore d'autres, lumineux quelquefois, sur les quais et jusque dans les voitures. On peut obtenir, dans toutes les stations, un petit plan pliant qui prendra peu de place dans la poche. (C'est pourquoi toutes les adresses données dans ce livre sont suivies du nom de la station de métro la plus proche). Il faut dire enfin qu'il y a même, dans beaucoup de stations, un plan du quartier.

il est rapide

Aux "heures de point" — de 7 h à 9 h et de 17 h à 19 h — les trains passent quelquefois à 95 secondes l'un de l'autre et toujours à moins de 4 minutes.

Entre 9 heures et 17 heures, il n'y a que 3 à 6 minutes d'attente.

En soirée, après 19 heures, les trains ne passent que toutes les 7 à 10 minutes.

Dans le R.E.R. les intervalles vont de 10 à 20 minutes.

Les premiers métros quittent leur terminus à chaque extrémité des lignes, à 5 h 30. Le dernier métro — qu'on appelle "le balai" — part d'un de ses terminus pour arriver à l'autre à 1 h 15. Faire un petit calcul selon la longuer de la ligne pour ne pas le rater.

---

1. What is the French expression for "rush hour"?_____

2. What is the longest you'd have to wait for a train at each of the following times of day:

   a. 8 A.M._____

   b. noon_____

   c. 9 P.M._____

3. If you are out very late at night (past midnight), what important fact about the **métro** do you need to know?_____

_____

_____

127

B. **Prenez le métro!** Look at the map of the **métro** on p. 220 of the textbook. Explain to the people indicated how to use the **métro** to go from the first station to the second. Use the verbs **prendre, changer,** and **descendre.** Reminder: The forms of **descendre** that you will use are **tu descends** and **vous descendez.**

MODÈLE: votre ami espagnol Julio / Kléber (C3) → Maison Blanche (E5)
        — *À Kléber, tu prends la direction Nation. Tu changes à Place d'Italie, direction Mairie d'Ivry. Tu descends à Maison Blanche.*

1. votre amie allemande Greta / Saint-Michel (E4) → Charles de Gaulle-Étoile (C3)

   _____

   _____

   _____

   _____

2. un passant *(passerby)* / Montparnasse-Bienvenüe (D4) → République (F3)

   _____

   _____

   _____

   _____

3. vos parents / Place d'Italie (E5) → Château-Rouge (E2)

   _____

   _____

   _____

   _____

4. votre ami brésilien Jorge / Pasteur (C4) → Palais-Royal (D3)

   _____

   _____

   _____

   _____

Révision

Adverbs that designate the present and the future

maintenant	demain
aujourd'hui	demain matin
ce matin	demain après-midi
cet après-midi	demain soir
ce soir	vendredi prochain
cette semaine	la semaine prochaine
cette année	l'année prochaine

Remember that these time adverbs are usually placed at the beginning or at the end of a sentence.

C. **Les projets d'Antoine.** Using the calendar as a guide, make a list of Antoine's plans for the next two weeks. Today is June 6.

L 6	matin: travailler à la maison; après-midi: aller en ville; soir: aller au cinéma avec des amis
M 7	visiter le musée
M 8	après-midi: faire des courses en ville; soir: rester à la maison
J 9	matin: faire un tour à vélo; soir: aller à une discothèque
D 12	matin: aller à l'église; après-midi: déjeuner avec mes parents
L 13	faire des achats
M 14 – D 19	aller à Londres

MODÈLE: jeudi matin   *Jeudi matin il va faire un tour à vélo.*

1. ce matin _____

2. jeudi soir _____

3. cet après-midi _____

4. la semaine prochaine _____

5. lundi prochain _____

6. ce soir _____

7. dimanche matin _____

8. mercredi après-midi _____

D. **Moi, je. . .** Now make a list of the activities that *you* are planning for the next two weeks or so. Use a time expression (**ce soir, demain matin, lundi après-midi, vendredi prochain,** etc.) in each sentence.

1. _____

2. _____

3. _____

4. _____

5. _____

6. _____

7. _____

8. _____

Deuxième étape (p. 226 – p. 233)

E. **Lisons!** Your cousin and his/her college roommate are planning a trip to Paris. They are worried about how to get from the airport (**l'aéroport Charles de Gaulle/Roissy**) into the city. Your French teacher has told you about a train-bus service (called **Roissy-Rail**) that he/she takes whenever arriving by plane in Paris. Using the following reprinted brochure, answer some of your cousin's questions.

1. Your teacher said that you take a shuttle bus from the airport to a train station. Where do we get on the shuttle bus if we arrive at the number one terminal at Charles de Gaulle?

   _____

2. Where do we buy our train ticket? How much will it cost? _____

   _____

3. If we have a hotel near the Place de l'Odéon (not far from the Jardin du Luxemboug), where should we get off the train? _____

   _____

131

Révision

The present tense of the irregular verb **vouloir**

je veux	**nous voulons**
tu veux	**vous voulez**
il, elle, on veut	**ils, elles veulent**

F. Dimanche après-midi. You and your friends are talking about what you want to do on Sunday afternoon. Complete the sentences with the appropriate form of the verb **vouloir.**

1. Hélène _____ aller au parc.

2. Je _____ faire un tour en voiture.

3. Mon père dit *(says):* «Maman et moi, nous _____ aller au musée.»

4. Mon frère et ses amis _____ regarder un match de football à la télévision.

5. Et toi, qu'est-ce que tu _____ faire?

G. Pourquoi...? Use the cues to ask why each person wants or doesn't want to do something. Then answer the question on the basis of the drawings. Use the appropriate form of **vouloir** in **both** the questions and the answers.

MODÈLE:　tu / ne pas aller au cinéma
　　　　　 — Pourquoi est-ce que tu ne veux pas aller au cinéma?
　　　　　 Parce que je veux regarder la télévision.

1. tu / apprendre le français

_____

_____

2. ta sœur / ne pas faire une promenade

_____

_____

3. ton frère et toi / ne pas manger à la maison

_____

_____

4. tes parents / aller à Chamonix

_____

_____

H. **Des invitations.** Use the verb **vouloir** to extend invitations to the following people. Whenever possible, choose activities that might interest them.

MODÈLES: votre amie
— *Est-ce que tu veux aller en ville avec nous?*

l'ami de votre amie, Jean-Pierre
— *Est-ce que Jean-Pierre veut aller en ville avec nous?*

1. votre frère (sœur, cousin ou cousine)

_____

2. l'amie de votre frère (sœur, cousin ou cousine), Hélène

_____

3. vos camarades de classe

_____

4. les amis de vos amis, Claude et Henri

_____

I. **Pour aller à. . .** Using the minimaps as guides, write complete directions that describe the following journeys. Notice that the trips include walking and taking the bus as well as using the subway.

1. Explain to another student how to go from the Alliance Française language school to the **cinémathèque** at the Palais de Chaillot. Use the pronoun **tu** and the present tense.

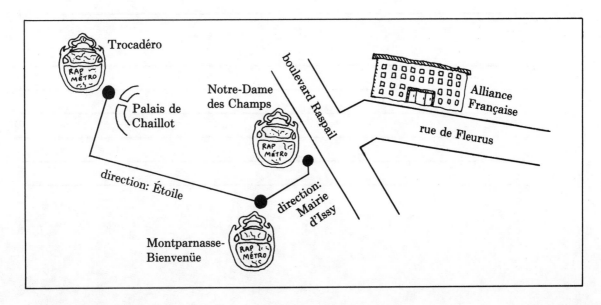

Chapitre onze

Tu tournes à droite dans la rue de Fleurus,

_____

_____

_____

_____

_____

2. Explain to some friends how to get to the apartment where your parents are staying on Avenue Jean-Jaurès in the suburb of Montrouge. You and your friends are in a café across from the subway stop **République.** Use the pronoun **vous** and the present tense.

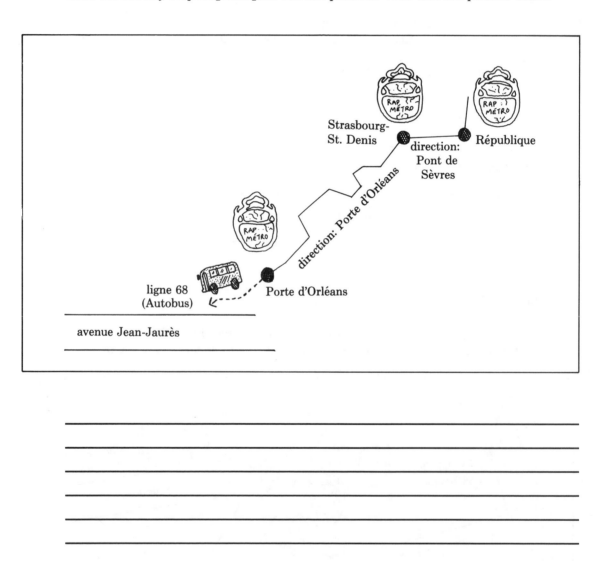

_____

_____

_____

_____

_____

_____

Chapitre douze

On y va à pied? Non!

Lexique

Pour se débrouiller

Pour organiser une excursion en ville

Il faut combien de temps pour y aller en autobus?
en métro?
à pied?
en taxi?
en voiture?
à vélo?

Pour parler de ses projets

aller
avoir envie de
avoir l'intention de
espérer
vouloir
un jour

Pour payer

C'est combien?
Je vous dois combien?
Voilà pour vous.

Thèmes et contextes

L'argent (m.)

un billet
un centime
un franc
une pièce de monnaie

Les voitures (f.pl.)

l'auto-école (f.)
la marque
un permis de conduire

Vocabulaire général

Verbes

conduire
monter (dans)

135

Première étape (p. 235 – p. 238)

A. **Lisons!** The ads reproduced below are for two French-made automobiles: a Renault Supercinq Five and a Peugeot 205. Look at the two ads (especially the visual aspects), then answer the questions that follow.

1. What similarities do you notice between the two ads? _____
_____
_____

2. What differences do you notice between the two ads? _____
_____
_____

3. To what group or groups is each of the ads trying to appeal? _____
_____

4. Look in some American magazine at some ads for American-made cars. In what ways are they similar to and/or different from the two ads above?
_____
_____
_____

137

B. **Qu'est-ce qu'on a comme voiture?** Your friend Monique is explaining what kinds of cars her family and friends drive.

MODÈLE: mon oncle René (Ford)
          — *Mon oncle René a une Ford.*

1. Ma sœur _____ (2-CV)

2. Mes grands-parents _____ (Peugeot)

3. Nous _____ (Golf)

4. Mon oncle Michel _____ (Toyota)

5. Ma tante Francine _____ (Renault)

6. Moi, je _____ (vélomoteur)

Révision

The numbers from 30 to 69

30	**trente**	50	**cinquante**
31	**trente et un**	51	**cinquante et un**
32	**trente-deux, etc.**	52	**cinquante-deux, etc.**
40	**quarante**	60	**soixante**
41	**quarante et un**	61	**soixante et un**
42	**quarante-deux, etc.**	62	**soixante-deux, etc.**

C. **Les lignes d'autobus.** Paris subway tickets are also valid on buses. The bus lines are numbered. Write in French the numbers of the following lines.

MODÈLE: 58   *cinquante-huit*

26 _____   65 _____

49 _____   24 _____

63 _____   47 _____

31 _____   52 _____

Deuxième étape (p. 239 – p. 245)

D. **Lisons!** Your aunt and uncle, who do not speak French, are going to be in France this summer. Your uncle hates subways and buses; he will only ride in taxis. Read the following guidebook section about taxis in Paris, then explain to your uncle (in English) how taxi fares are determined. Useful vocabulary: **la banlieue** *(suburbs)*, **le coffre** *(trunk)*, **le pourboire** *(tip)*.

Taxis parisiens

comment les reconnaître?

Ce sont des voitures comme les autres, mais qui portent sur le toit un signal blanc, éclairé quand le taxi est "libre".

Un compteur est toujours visible de l'intérieur. Il indique le prix à payer. Une petite plaque, à l'arrière, marque l'heure prévue pour la rentrée au garage : le chauffeur peut refuser de prendre un client moins de 30 minutes avant cette heure-là!

"combien je vous dois?"

Savoir que le prix de la course dépend :

— de l'heure ("jour" ou "nuit") et du lieu ("Paris" ou "banlieue"). Tarif A de jour dans Paris ; B de nuit dans Paris et de jour en proche banlieue, ainsi que le dimanche ; C de nuit en proche banlieue, de jour en grande banlieue ;

— de la distance parcourue et du temps passé (tous arrêts compris) ;

— et des bagages (on paiera un léger supplément s'ils doivent être mis dans le coffre).

Enfin, bien que le pourboire ne soit pas obligatoire, si l'on veut plus qu'un simple merci, donner au chauffeur plus des 12 à 15 % habituels.

_____

_____

_____

_____

_____

_____

_____

139

E. **Combien de temps?** Tell how long it takes you to go from one place to another. In each case, specify the most efficient ways of traveling.

MODÈLE: de votre maison à l'école
— *Pour aller de ma maison à l'école, il faut vingt minutes à pied ou cinq minutes en voiture.*

1. de votre maison à l'école_____

_____

2. de votre maison à l'église (à la synagogue)_____

_____

3. de votre maison à l'aéroport (à la gare routière)_____

_____

4. de votre maison à un cinéma_____

_____

Révision

The verb **espérer**

The written forms of the verb **espérer** undergo the same spelling changes as the forms of the verb **préférer**—that is, é changes to è when the ending is not pronounced (**j'espère, tu espères, elle espère, ils espèrent**).

F. Raymond is talking about his future plans and those of his friends and family. Complete the sentences using the appropriate form of **espérer.**

1. J' _____ aller aux États-Unis un jour.

2. Nous _____ voyager en Afrique.

3. Mes parents _____ visiter l'Australie.

4. Où est-ce que tu _____ habiter dans vingt ans?

5. Mon amie Christiane _____ avoir cinq enfants.

6. C'est vrai? Vous _____ aller en Amérique du Sud?

Révision

Expressions for discussing plans

aller + infinitif *(to be going to . . .)*
espérer + infinitif *(to hope to . . .)*
avoir l'intention de + infinitif *(to intend to . . .)*
vouloir + infinitif *(to want to . . .)*

G. **Les rêves et la réalité.** What you hope, want, or intend to do and what you actually end up doing are often very different things. Based on the drawings, tell how each person's dreams compare with reality.

MODÈLE: Qu'est-ce qu'Henri veut faire ce soir? Qu'est-ce qu'il va faire?
— *Il veut retrouver ses amis en ville, mais il va rester à la maison avec sa famille.*

1. Qu'est-ce que Clotilde a envie de faire ce soir? Qu'est-ce qu'elle va faire?

_____

_____

2. Où est-ce que Michel veut aller pendant les vacances? Où est-ce qu'il va aller?

_____

_____

141

3. Qu'est-ce qu'Andrée a l'intention de faire cet après-midi? Qu'est-ce qu'elle va faire?

_____

_____

4. Qu'est-ce que les parents de Louis espèrent acheter comme voiture? Qu'est-ce qu'ils vont acheter?

_____

_____

5. Qu'est-ce que les élèves ont l'intention de faire après l'école? Qu'est-ce qu'ils vont faire?

_____

_____

H. **L'avenir.** *(The future.)* Different people have different plans and dreams for the future. Using the suggested expressions, write **three** sentences for each situation. Tell about (a) your best friend **(mon meilleur ami, ma meilleure amie),** (b) your parents, and (c) yourself.

1. ce soir / avoir l'intention de

   a. _____

   b. _____

   c. _____

2. demain / aller

   a. _____

   b. _____

   c. _____

3. l'année prochaine / vouloir

   a. _____

   b. _____

   c. _____

4. un jour / espérer

   a. _____

   b. _____

   c. _____

Mise au point

(Chapitres dix, onze et douze)

Lecture: *Une question de transports*

Read the following description of one Paris family's daily experiences with getting around the city.

La vie dans la ville française est souvent très compliquée du point de vue des transports. Est-ce qu'on prend la voiture, le bus, le métro pour aller au travail? Est-ce que les enfants vont à l'école à pied? L'exemple suivant illustre ces complications et les décisions qu'il faut prendre tous les jours.

Les Dumas sont parisiens, mais n'habitent pas en ville. Ils ont une petite maison dans la banlieue, à quelques kilomètres de Paris. Monsieur Dumas travaille de l'autre côté de la ville et Mme Dumas est secrétaire dans une entreprise au centre de Paris. Un enfant est à l'école primaire, les deux autres sont au lycée. Qu'est-ce qu'ils font le lundi matin?

Monsieur Dumas est le premier à quitter la maison. S'il a le temps, il prend l'autobus jusqu'à la Porte de Pantin et de là, il prend le métro et traverse la ville. Après deux correspondances, il descend à la Porte d'Ivry sur le boulevard Masséna. De là, il continue à pied pendant quelques minutes et arrive finalement à son travail. Quelquefois, M. Dumas est obligé de prendre sa voiture. Il prend alors le boulevard périphérique pour éviter le centre de la ville. Mais il n'aime pas aller au travail en voiture parce que le matin il y a beaucoup de circulation et il arrive à sa destination très irrité.

Madame Dumas, elle aussi, prend l'autobus jusqu'à la Porte de Pantin. Elle prend le métro, direction Place d'Italie, et descend au boulevard Sébastopol. Il faut vingt-cinq minutes pour aller à son travail. Quelquefois elle quitte la maison avec son mari, mais en général elle préfère accompagner son fils Jean-Claude à l'école. L'école primaire est tout près de la maison et de là elle continue à pied au prochain arrêt d'autobus. Ses deux filles vont au lycée. Elles sont obligées de prendre le bus parce que le lycée est assez loin de la maison.

L'après-midi et le soir, toute la famille arrive à la maison très fatiguée. Demain matin, ils vont recommencer leurs voyages. Heureusement, le système de transports est efficace à Paris. Les Dumas sont typiques de beaucoup de familles françaises. Leur vie de tous les jours dépend des bus et du métro.

A. **Le mot et le contexte.** On the basis of the context and with the help of the hints, guess the meaning of the words in boldface.

1. «Les Dumas sont parisiens, mais n'habitent pas en ville. Ils ont une petite maison dans **la banlieue,** à quelques kilomètres de Paris.» (If they don't live **en ville,** where might they logically live?)

_____

2. «Il prend alors le boulevard périphérique pour **éviter** le centre de la ville.» (What English word do you recognize in **périphérique?** Why might one take this route?)

_____

3. «Quelquefois elle quitte la maison avec son mari, mais **en général** elle préfère accompagner son fils Jean-Claude à l'école.» (What is the opposite of **en général?**)

_____

4. «. . . de là elle continue à pied **au prochain arrêt** d'autobus.» (What verb is used? Where do you go to get a bus?)

_____

145

5. «... les décisions qu'il faut prendre **tous les jours.**» «Leur vie de **tous les jours** dépend des bus et du métro.» (What does the word **jour** mean? What idea makes sense in both of the sentences?)

_____

C. **Une lettre à un(e) ami(e).** You and a friend or relative have made plans to go downtown one week from today. Write a letter to another friend inviting him/her to join the two of you. Begin the letter with **Cher (Chère)...** and end the letter with **Bien à toi.** Include the following ideas.

1. Mention what day it is today and then tell what your plans are for the same day next week.
2. Invite your friend to join you and the other person.
3. Explain what means of transportation you will use and why.
4. Mention one or two things you hope and/or intend to do in town.
5. Tell your friend to call you **(Téléphone-moi).** Specify two times (such as Monday evening and Tuesday morning) when you are likely to be home.

_____

_____

_____

_____

_____

D. **Jeu de mots.** Unscramble the five sets of letters to form the names of means of transportation. Then reassemble the circled letters to form the name of a frequently used **direction** of the Paris **métro** system.

BUTUSOA — — — — — — Ө

LOVE — Ө Ө Ө

ROTEM — — — Ө Ө

IDAEP — Ө — — Ө

TENRILA — Ө Ө Ө Ө — Ө

Direction — — — — — — ' — — — — — — —

Unité cinq

On visite Paris

Planning Strategy

A French friend of yours is going to visit a city you know well. Answer your friend's questions about the city.

1. **How is the city organized? What are the major landmarks so I know how to get around?**

   _____

   _____

   _____

2. **If I'm going to be there for only two days, what should I absolutely see or do?**

   _____

   _____

   _____

Now your friend wants to know some of the useful phrases and expressions to talk about the past. Answer the questions in English.

3. **What are some expressions I can use to indicate at what point in the past something happened?**

   _____

   _____

4. **How do I indicate the amount of time I spent doing something in the past?**

   _____

   _____

Chapitre treize

Ah bon, tu veux connaître Paris!

Lexique

Pour se débrouiller

Pour situer une action dans le passé

hier
hier matin
hier après-midi
hier soir
lundi (mardi, etc.) dernier
le week-end dernier
la semaine dernière
le mois dernier
l'année dernière
il y a une heure (deux mois, cinq ans)

Vocabulaire général

Noms

un accident
un agent de police
une aventure
un centre de culture
une chose
une émission
un fruit
une heure
les informations (*f.pl.*)
une promenade
un quartier
un séjour
un souvenir
les vacances (*f.pl.*)
la variété
un voyage

Verbes	*Adjectifs*	*Autres expressions*
commencer	bon/bonne	quelque chose
téléphoner à	intéressant(e)	pendant
trouver	international(e)	
visiter	parisien(ne)	
voyager		

Première étape (p. 259 – p. 266)

A. **Lisons!** Read the advertisement for **Touribus**, then answer the questions in English.

touribus

Avec Touribus, Paris vaut le voyage. Vous allez travailler? ou faire des courses? Profitez de Touribus pour vous déplacer intelligemment.
Chaque jour, 17 lignes de bus rejoignent les plus célèbres monuments et sites de Paris. Un circuit spécial Montmartre relie la Mairie du XVIIIe, place Jules Joffrin à la place Pigalle. Tous les jours, toutes les 10 minutes, de 7 h 30 à 20 h 00, Montmartrobus vous attend.
Parisiens de tous les jours, touriste d'un jour, touriste toujours, évadez-vous en Touribus.

1. According to the advertisement, what are the reasons for taking the **Touribus?**

   _____

   _____

   _____

2. Where does the **Touribus** take you in Paris?

   _____

   _____

   _____

3. What other bus does it connect with, and what neighborhood does this other bus take you to?

   _____

   _____

   _____

   _____

149

B. **La ville de Paris.** Situate the places and streets by writing their names in the appropriate locations on the map.

le boulevard Saint-Michel / le boulevard Saint-Germain / l'avenue des Champs-Élysées / la Seine / la rive gauche / la rive droite / l'île de la Cité / l'île Saint-Louis

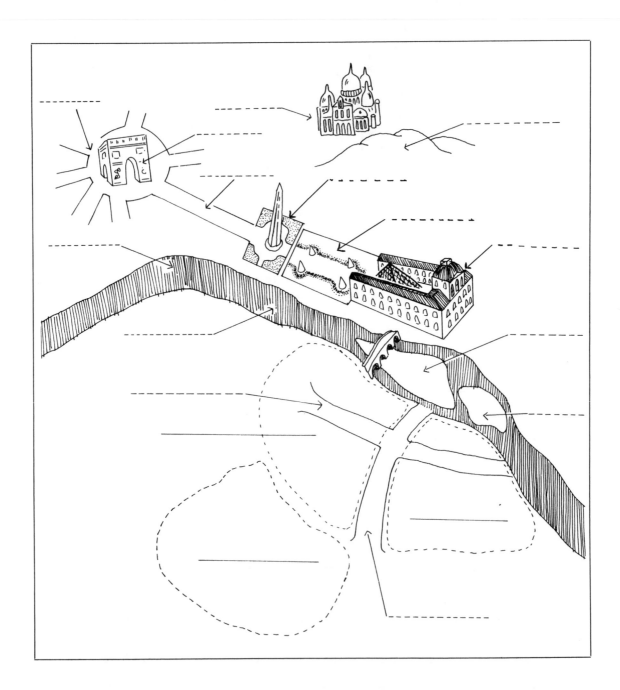

Révision

The **passé composé** with **avoir**

j'**ai** étudié	nous **avons** étudié
tu **as** étudié	vous **avez** étudié
il, elle, on **a** étudié	ils, elles **ont** étudié

C. Write out the past participle of each of the following verbs.

MODÈLE: voyager   *voyagé*

1. quitter _____
2. habiter _____
3. travailler _____
4. visiter _____
5. parler _____
6. commencer _____

7. danser _____
8. manger _____
9. étudier _____
10. regarder _____
11. chercher _____
12. trouver _____

D. Complete the sentences with the **passé composé** of the verbs in parentheses.

1. Hier soir nous _avons étudié_ . (étudier)

2. Est-ce que tu _____ à tes parents? (parler)

3. Elles n' _____ pas _____ la télévision.   (regarder)

4. J' _____ le Quartier latin.   (visiter)

5. Il _____ avec Janine.   (danser)

6. Est-ce que vous _____ la brioche?   (manger)

E. Fill in each blank with the **passé composé** of one of the suggested verbs. Make sure the paragraph makes sense when you are through. Use each verb only once.

Verbs: **regarder / commencer / quitter / écouter / téléphoner / passer** *(to spend)* /
étudier / manger

Hier, j' _____ la soirée *(evening)* avec mon amie Suzanne. Nous

_____ les devoirs et nous _____ le français. La mère de Suzanne

_____ la radio. Son père et sa sœur _____ la télévision. Après

nos devoirs, Suzanne _____ à son ami Richard. Ensuite, nous

_____ quelque chose. À 9h30 j' _____ la maison de Suzanne.

151

F. **Deux réponses.** Jean-Claude and his sister, Michèle, never agree on anything. Whenever one answers a question affirmatively, the other gives a negative response. Supply Jean-Claude's and Michèle's answers to the following questions.

MODÈLE: Est-ce que vous avez trouvé vos livres?
JEAN-CLAUDE: *Oui, nous avons trouvé nos livres.*
MICHÈLE: *Non, nous n'avons pas trouvé nos livres.*

1. Est-ce que Simone a étudié hier soir?

JEAN-CLAUDE: _____

MICHÈLE: _____

2. Est-ce que vos parents ont dîné en ville?

JEAN-CLAUDE: _____

MICHÈLE: _____

3. Est-ce que Marc a téléphoné ce matin?

JEAN-CLAUDE: _____

MICHÈLE: _____

4. Est-ce que Jean-Claude a travaillé hier?

JEAN-CLAUDE: _____

MICHÈLE: _____

5. Est-ce que Michèle a regardé la télé hier soir?

JEAN-CLAUDE: _____

MICHÈLE: _____

G. **Une fête.** Think about the last party you went to and answer the questions about what you and your friends did. If the question is asked with **vous,** answer with **nous.** If the question is asked with **tu,** answer with **je.** Answer all other questions with the third person plural (**ils**).

1. Est-ce que vous avez dansé?

_____

2. Est-ce que tu as mangé quelque chose de sucré ou quelque chose de salé?

_____

3. Est-ce que vos amis ont regardé une vidéo?

_____

4. Est-ce que vous avez écouté de la musique?

_____

5. Est-ce que tu as parlé avec tes amis?

_____

6. Est-ce que tu as téléphoné à tes parents?

_____

7. Est-ce que tes amis ont mangé quelque chose?

_____

Deuxième étape (p. 266 – p. 274)

H. **Lisons! Un Parisien: Henri Leconte.** Read the short article on Henri Leconte. Then complete his portrait by filling in the appropriate information.

Henri Leconte

Il s'appelle Henri Leconte. Il a vingt-trois ans, et c'est un des meilleurs joueurs de tennis de France.

Henri est né en 1963 dans le nord de la France. Dans la famille Leconte, les quatre enfants et les parents aiment jouer au tennis le dimanche.

Aujourd'hui, Henri joue dans tous les grands championnats de tennis du monde.

Henri habite à Paris, mais il veut aller habiter en Suisse. Henri a beaucoup de talent et il est très sympathique; c'est un vrai champion!

Henri Leconte

Portrait d'un champion

Âge _____

Sport _____

Année de naissance _____

Nombre de frères et sœurs _____

Lieu *(place)* de naissance _____

domicile _____

domicile préféré _____

I. **La rive gauche et l'île de la Cité.** Go back to the map on p. 150 and write in the following places.

le Quartier latin / le Quartier Saint-Germain-des-Prés / Montparnasse

---

Révision

The **passé composé** with **avoir** (irregular past participles)

avoir	**eu**
être	**été**
faire	**fait**
prendre	**pris**
apprendre	**appris**
comprendre	**compris**

153

J. Use the **passé composé** of an appropriate verb from the following list to complete each sentence logically. You may use each verb more than once.

Verbs: **avoir / être / faire / prendre / apprendre / comprendre**

1. J' _____ un accident ce matin.

2. Nous _____ à Paris et nous _____ beaucoup de choses.

3. Est-ce que tu _____ le film?

4. Ils n' _____ pas _____ l'autobus.

5. Elle _____ une promenade.

K. **Des questions.** Use the elements to form questions in the **passé composé.**

MODÈLE: pourquoi / vous / prendre / taxi / ?
Pourquoi est-ce que vous avez pris un taxi?

1. quand / vous / être / Paris / ?

_____

2. quand / elle / avoir / accident / ?

_____

3. que / il / faire / hier / ?

_____

4. pourquoi / elles / ne pas / apprendre / le français / ?

_____

5. est-ce que / tu / prendre / le métro / ?

_____

L. **Ce que j'ai fait hier.** *(What I did yesterday.)* Use the **-er** verbs and the irregular verbs **avoir, être, faire, prendre, apprendre,** and **comprendre** to write a short paragraph about what you did yesterday. Remember to use the **passé composé.**

_____

_____

_____

_____

_____

Troisième étape (p. 275 – p. 283)

M. **Lisons! Les monuments de Paris.** Two friends, Géraldine and Sandrine, spent one day in Paris. Among many other things, they saw the **Quartier des Halles.** This reading briefly describes their visit to this neighborhood. After you have read the text, put the statements into chronological order by numbering them from 1 to 5.

Sandrine et Géraldine aux Halles.

Le quartier des Halles est très vieux. C'est une ancienne place du marché. Aujourd'hui, c'est un centre commercial très moderne. Géraldine et Sandrine veulent visiter les magasins pour acheter des souvenirs, puis elles veulent aller au Café Costes, un café célèbre avec un décor très chic et original, pour prendre un café.

———— Elles ont visité les magasins.   ———— Elles ont pris un café.

———— Elles ont été au Quartier des Halles.   ———— Elles sont allées au Café Costes.

———— Elles ont acheté des souvenirs.

N. **La rive droite.** Go back to the map on p. 150 and write in the following places.

le Louvre / le jardin des Tuileries / la place Charles-de-Gaulle / la place de la Concorde / l'Arc de Triomphe / Montmartre / le Sacré-Cœur

---

Révision

Adverbs and prepositions used to designate the past

hier (matin, après-midi, soir)
mercredi (samedi, etc.) dernier
le week-end dernier
la semaine dernière
le mois dernier
l'année dernière
pendant une heure (deux jours, six ans, etc.)
Il y a une heure (trois mois, cinq ans, etc.)

O. **Non, . . .** Answer each question negatively, using the cues in parentheses to give the correct information.

MODÈLE: Est-ce que vos amis ont quitté Paris hier? (il y a trois jours)
Non, ils ont quitté Paris il y a trois jours.

1. Est-ce que vos amis ont visité Paris l'année dernière? (il y a trois ans)

2. Est-ce que vous avez été à Rome le week-end dernier? (le mois dernier)

_____

3. Anne a pris le métro ce matin, n'est-ce pas? (hier matin)

_____

4. Est-ce que tu as mangé il y a une heure? (il y a deux heures)

_____

5. Est-ce que tes parents ont téléphoné hier soir? (mardi dernier)

_____

6. Jean-Jacques a étudié son français ce matin, n'est-ce pas? (hier soir)

_____

7. Est-ce que vous avez commencé votre travail aujourd'hui? (la semaine dernière)

_____

8. Tu as eu un accident cette année, n'est-ce pas? (l'année dernière)

_____

Récemment. Answer the following questions about your recent activities. Be specific about when you did these activities.

1. Est-ce que vous avez dîné au restaurant récemment?

_____

2. Est-ce que vous avez fait une promenade récemment?

_____

3. Est-ce que vous avez visité un musée récemment?

_____

4. Est-ce que vous avez acheté quelque chose récemment?

_____

5. Est-ce que vous avez mangé quelque chose de sucré récemment?

_____

6. Est-ce que vous avez regardé la télé récemment?

_____

7. Est-ce que vous avez été à la bibliothèque récemment?

_____

8. Est-ce que vous avez téléphoné à quelqu'un (someone) récemment?

_____

Chapitre quatorze _____

Qu'est-ce qu'il y a à voir?

Lexique

Pour se débrouiller _____

Pour situer des actions dans le passé

un jour
lundi (mardi, etc.) dernier
lundi (mardi, etc.) matin, après-midi, soir
la semaine dernière
le mois dernier
l'année dernière
le lendemain
la semaine suivante
la veille

Pour énumérer une série d'actions

d'abord (premièrement)
ensuite (puis)
enfin

Vocabulaire général _____

Verbes
entrer
monter
rester
rentrer
retourner
tomber

Première étape (p. 285 – p. 292)

A. **Lisons! La Sainte-Chapelle.** Read the following text about the church called the **Sainte-Chapelle.** Then answer the questions.

En 1239, le roi saint Louis a fait rapporter de Palestine la *couronne d'épines* du Christ et un *clou* de sa *croix.* Il a alors commandé aux meilleurs *orfèvres* de Paris une *châsse d'or* et de pierres précieuses pour contenir ces reliques exceptionnelles. Mais il *rêvait* de construire une chapelle pour *abriter* cette *boîte* extraordinaire. Sept ans plus tard, le roi va réaliser son *rêve* et charger l'architecte Pierre de Montreuil de *bâtir* la Sainte-Chapelle.

L'intérieur de la chapelle est divisé en deux étages: la chapelle *basse était* réservée aux serviteurs du palais et la chapelle haute au roi et à sa famille. La tribune au centre *abritait* la couronne d'épines. Les *vitraux* sont extraordinaires. Des *morceaux* de *verre* coloré forment 1 134 images qui *racontent* les histoires de la Bible. Elles *se lisent* de gauche à droite et de bas en haut.

Vocabulaire: crown of thorns, nail, cross, goldsmiths, shrine of gold, dreamed, to house, box, dream, to build, low, was, housed, stained-glass windows, pieces, glass, tell, are read

1. Why did King Louis decide to build the **Sainte-Chapelle?**

   _____

2. Who built the chapel for him?

   _____

3. What is the centerpiece of this chapel?

   _____

4. What can you see in the stained-glass windows?

   _____

5. Can you guess why the stories were told in pictures rather than in words?

   _____

B. **Paris ancien.** Situate the following places by writing the names in the appropriate spots on the map below.

le Panthéon / la Conciergerie / les Invalides / Notre-Dame de Paris

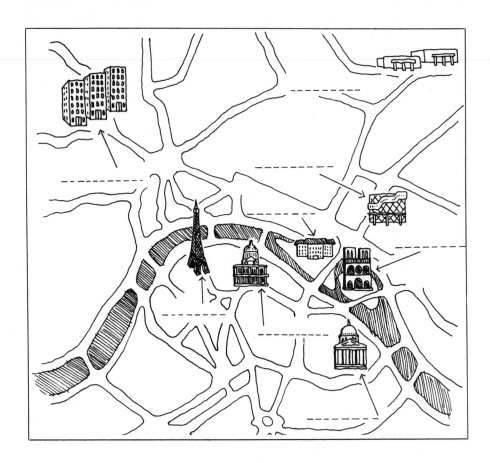

Révision

The **passé composé** with **être**

je **suis** rentré (rentrée)   nous **sommes** rentrés (rentrées)
tu **es** rentré (rentrée)   vous **êtes** rentré (rentrée, rentrés, rentrées)
il **est** rentré   ils **sont** rentrés
elle **est** rentrée   elles **sont** rentrées
on **est** rentré

Verbs conjugated with **être**

aller   **rester**
arriver   **rentrer**
descendre (descendu)   **retourner**
entrer   **tomber**
monter

C. Because the verbs you have just learned are conjugated with the helping verb **être** in the **passé composé,** it is important that you remember the present-tense forms of **être.** To practice the present tense again, fill in the blanks with the forms of **être** that correspond to the subject.

1. Sylvie _____*est*_____ élève au Lycée Montaigne.

2. Nous _____ à la gare.

3. Paul et Philippe _____ en vacances.

4. Je _____ professeur de français.

5. Elles _____ à Miami.

6. Est-ce que tu _____ canadienne?

7. Est-ce que vous _____ belge?

D. **Déjà? Pas encore?** Jean-Claude and his sister, Michèle, still don't agree with each other. Whenever one thinks that something has already (**déjà**) happened, the other insists that it hasn't happened yet (**ne . . . pas encore**). Supply their answers to the following questions, paying particular attention to the agreement of the past participle.

MODÈLE: Est-ce que vous êtes allés au bureau de poste?
JEAN-CLAUDE: *Oui, nous sommes déjà allés au bureau de poste.*
MICHÈLE: *Non, nous ne sommes pas encore allés au bureau de poste.*

1. Est-ce que vous êtes allés à la Conciergerie?

   JEAN-CLAUDE: _____

   MICHÈLE: _____

2. Est-ce que Jacqueline est entrée dans la cathédrale?

   JEAN-CLAUDE: _____

   MICHÈLE: _____

3. Est-ce que vos parents sont rentrés?

   JEAN-CLAUDE: _____

   MICHÈLE: _____

4. Est-ce que Denis est retourné à Rome?

   JEAN-CLAUDE: _____

   MICHÈLE: _____

5. Michèle, est-ce que tu es allée à la bibliothèque?

   JEAN-CLAUDE: _____

   MICHÈLE: _____

6. Jean-Claude, est-ce que tu es allé au stade?

   JEAN-CLAUDE: _____

   MICHÈLE: _____

161

E. **Le participe passé.** It is important to distinguish between verbs conjugated with **être,** whose past participles agree with the subject, and verbs conjugated with **avoir,** whose past participles do not agree with the subject. Read the following sentences, paying attention to the speaker and, when appropriate, to the person addressed. If the form of the past participle is correct, put an X in the blank. If the form is incorrect, add the necessary letter(s).

1. Marie-Claude: Moi je suis arrivé_____ il y a une heure. Et toi, Édouard, quand est-ce que tu es arrivé_____?

2. Jacques: Ma sœur et moi, nous sommes allé_____ à la librairie, mais nous n'avons pas acheté_____ de livres.

3. Gabrielle: Voilà mes amies Frédérique et Anne. —Salut. Est-ce que vous avez pris_____ le métro? Où est-ce que vous êtes descendu_____?

4. Michel: Mon père est allé_____ en ville, mais ma mère est resté_____ à la maison.

5. Nathalie: Mes cousins Jean-Pierre et Dominique ont habité_____ à Marseille pendant trois ans. Ensuite ils sont allé_____ à Grenoble.

6. Thierry: J'ai eu_____ un accident. Je suis tombé_____ dans la rue.

F. **Où est-ce qu'ils sont allés?** Use the verb **aller** in the **passé composé** to say where each person went.

MODÈLE: Georges a visité une église construite au 12ᵉ siècle.
Ah. Il est allé à Notre-Dame.

1. Nous avons visité une université importante à Paris.

_____

2. Ils ont visité une prison qui a joué un rôle important pendant la Révolution.

_____

3. Simone a visité le tombeau de Napoléon.

_____

4. Marie et Jeanne ont visité les tombeaux de Voltaire, Rousseau, Hugo et Zola.

_____

5. Nous avons admiré les gargouilles.

_____

NAME _____

Deuxième étape (p. 293 – p. 301)

G. **Lisons! L'Arc de Triomphe.** Read the following text about one of Paris's best-known monuments, then answer the questions which follow.

Ici, c'est la place Charles-de-Gaulle, mais tu *entendras* souvent dire «place de l'Étoile.» C'est son *ancien* nom.

L'Arc de Triomphe mesure 50 mètres de haut. C'est l'empereur Napoléon Iᵉʳ qui l'a fait construire en 1806, sur le modèle des arcs romains. C'*était* un monument à la gloire des armées impériales et de leurs victoires.

Aujourd'hui, chaque fois que la France veut célébrer un événement, *qu'il soit* triste ou gai, c'est sous l'Arc de Triomphe qu'elle le fait. Les *cortèges* descendent alors toute l'avenue des Champs-Élysées.

Si tu es à Paris un 14 juillet, jour de la fête nationale française, *ne manque pas* le grand *défilé* des armées et des *drapeaux*, avec trompettes et *tambours*. Le président de la République dépose alors des fleurs sur la tombe du Soldat *Inconnu* qui est *enterré* sous l'Arc. C'est alors que tu entendras l'hymne national français, qui s'appelle «La Marseillaise».

Vocabulaire: will hear, former, was, be it, parades, don't miss, parade, flags, drums, unknown, buried

1. What is the commonly heard name of the **place Charles-de-Gaulle?**

   _____

2. Who built the **Arc de Triomphe** and why?

   _____

3. What happens on July 14 at the **Arc de Triomphe?**

   _____

   _____

4. What is the name of the French national anthem?

   _____

5. Look at the map on p. 1 of your text and name some of the major avenues that come together at the **place Charles-de-Gaulle.**

   _____

   _____

H. **Paris moderne.** Go back to the map on p.160 and write in the following places.

la Tour Eiffel / la Défense / le Centre Pompidou / la Villette

---

Révision

Expressions used to talk about actions *in the past*

d'abord (premièrement)
ensuite (puis)
enfin

Chapitre quatorze © Heinle & Heinle Publishers, Inc. All rights reserved.

163

I. **Une semaine à Paris.** Georges and Martine Gagnon spent a week in Paris. Using the drawing below as a guide, describe their activities. Start with Tuesday, and as you progress, give the appropriate time indicators (**d'abord, ensuite, puis, enfin**). Suggested verbs: **aller, acheter, admirer, chercher, continuer, descendre, entrer dans, prendre, quitter, regarder, rentrer, rester, retrouver, tourner, traverser, visiter.**

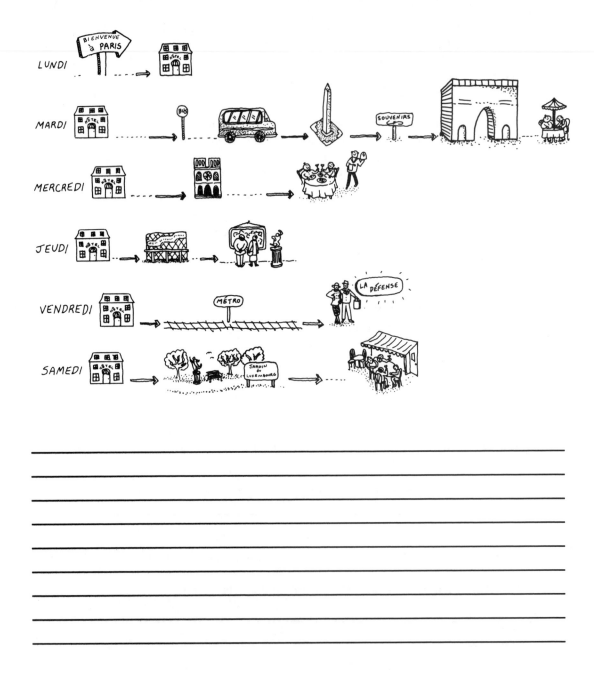

_____

_____

_____

_____

_____

_____

_____

_____

_____

Chapitre quinze

Qu'est-ce qu'on peut faire à Paris?

Lexique

Pour se débrouiller _____

Pour exprimer des actions dans le futur

aller + infinitive
avoir l'intention de + infinitive
espérer + infinitive
vouloir + infinitive
je voudrais + infinitive

Première étape (p. 303 – p. 307)

A. **Lisons!** Answer the questions based on the ad for the 1987 Jazz Festival in Paris.

Paris
Jazz Festival 87

C'est sous les projecteurs du Palais des Sports que vont se retrouver pour ce 1er Grand Festival de Jazz à Paris, les artistes les plus prestigieux.

Avec Ray Charles le 29 juin à 19 h et 22 h et Dee Dee Bridgewater en 1re partie ; Miles Davis, le 30 juin à 19 h et 22 h ; Manhattan Transfer, le 1er juillet à 20 h 30 avec en 1re partie le Modern Jazz Quartet ; Pat Metheny, le 2 juillet à 20 h 30 ; Chuck Berry + BB King, le 7 juillet à 20 h 30 ; Sarah Vaughan + Dizzy Gillespie le 8 juillet à 20 h 30 ; Fats Domino, le 9 juillet à 19 h à 22 h. Renseignements : 48.28.40.48. Location : 48.28.40.90 de 12 h à 19 h ; au guichet, du lundi au vendredi, de 12 h 30 à 19 h.

Sarah Vaughan.

1. Where in Paris is this jazz festival taking place?

_____

2. How often before has there been this kind of festival in Paris?

_____

3. What is said in the introductory paragraph to attract people to the festival?

_____

4. What performers can I go see on July 7?

_____

5. What days can I get tickets at the box office?

_____

165

B. **La télévision française.** While staying in France, you and your family want to know what kinds of programs you can watch on French television. Read the ads for the various TV stations, pick out some key words, and write them next to the station.

MODÈLE: Paris Première
hit-parades parisiens, etc.

CNN _____

Canal J _____

Paris Première _____

Révision

The **passé composé** with **avoir** and **être**

1. By far the majority of French verbs are conjugated with the helping verb **avoir**. Your chances of selecting the right form are therefore very high if you use **avoir**.

2. The verbs conjugated with **être** tend to be verbs that move the subject physically from one place to another (**descendre, aller, arriver, rentrer, monter,** etc.).

Note: The verb **rester** *(to remain)* is also conjugated with **être,** although it does not show movement from one place to another.

C. **L'interrogatoire.** *(The interrogation.)* Your parents are very strict. Whenever you and your sister return home, they interrogate you about your activities. Use the elements provided below to recreate your parents' questions. In the first set of questions, they are talking only to your sister. In the second set, they are questioning both of you.

Votre sœur

MODÈLE: quand / quitter la maison?
Quand est-ce que tu as quitté la maison?

1. où / aller / ?

_____

2. prendre le métro / ?

_____

3. où / descendre / ?

_____

4. combien de temps / rester / librairie / ?

_____

5. que / acheter / ?

_____

Vous et votre sœur

MODÈLE: que / faire / hier soir
Qu'est-ce que vous avez fait hier soir?

6. où / aller / ?

_____

7. avec qui *(with whom)* / dîner / ?

_____

167

8. avoir un accident / ?

_____

9. pourquoi / ne ... pas téléphoner / ?

_____

10. quand / rentrer / ?

_____

D. **Un après-midi en ville.** You and your friend Paul spent yesterday afternoon in town. Using the drawing below as a guide, describe your activities. Suggested verbs: **aller, acheter, admirer, chercher, continuer, descendre, entrer dans, prendre, quitter, regarder, rentrer, rester, retrouver, tourner, traverser, visiter.**

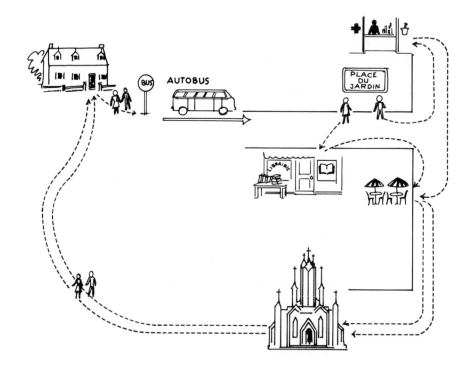

_____

_____

_____

_____

_____

_____

_____

Deuxième étape (p. 308 – p. 318)

E. Lisons! Descendons dans les égouts! *(Let's go down into the sewers!)* Surprising though it may seem, it is possible to visit some of the tunnels that serve as sewers in the city of Paris. Read the following text, then answer the questions.

Sous l'empereur Napoléon III (fin 19ᵉ siècle), l'ingénieur Belgrand a *conçu* le gigantesque *réseau* d'égouts qui passe sous la ville de Paris. Ce projet a été réalisé pour éviter la pollution de la Seine. Les 2 100 kilomètres de galeries font passer les *eaux usées* vers Achères, la plus grande station d'*épuration* biologique d'Europe.

Certaines galeries des égouts sont *ouvertes* aux visiteurs le lundi, le mercredi et le dernier samedi du mois. Là, il y a une exposition historique, des projections et des promenades guidées. Attention! Il faut *porter* des *chaussures* qui ne *glissent* pas!

Vocabulaire: conceived, network, sewage, purification, open, wear, shoes, slip

1. When was the network of sewers built?

   _____

2. What was the reason for this construction?

   _____

3. Where does the sewage end up?

   _____

4. When can you go down into the sewers?

   _____

5. If you were in Paris, would you make this visit into the sewers? Why or why not?

   _____

F. Des distractions. Because you've already been to Paris, the editor of your school newspaper has asked you to write about some of the places you visited. You spend quite a bit of time at your computer to come up with some descriptive sentences about each place. You even put a symbol next to each name for easy recognition. Unfortunately, the next day, when you go to print your text, you find that you forgot to store it. All is lost, except the symbols. Based on the remaining symbols, reconstruct your text by providing the name of the place and a few descriptive sentences.

1. _____

   _____

   _____

2. _____

   _____

   _____

169

3. ☠ _____

_____

_____

_____

4. ❀ _____

_____

_____

_____

Révision

Combining the past and the future

Past time: passé composé conjugated with the helping verbs **avoir** or **être**

—Qu'est-ce que **tu as fait** hier?
—**J'ai mangé** au restaurant et **je suis allé** au cinéma.

Future time:

aller + infinitive
avoir l'intention de + infinitive
espérer + infinitive
vouloir + infinitive
je voudrais + infinitive

G. **Hier et demain.** Use the time indicators and the verbs provided to talk about what you did in the past and what you're going to do in the future.

MODÈLE: demain / parler
Demain, je vais parler à mon professeur de mathématiques.

1. l'année prochaine / aller

_____

2. la semaine dernière / téléphoner à

_____

3. vendredi soir / aller

_____

4. le week-end prochain / rester

_____

5. le week-end dernier / regarder / étudier

_____

6. la semaine prochaine / faire

_____

H. **La dernière fois. . . ; la prochaine fois. . .** *(The last time . . . ; the next time. . . .)* Complete the following sentences in a logical way. If a past action is given, invent a future action. If a future action is given, invent a past action. Be careful to use correct verb tenses or verbal expressions.

MODÈLES: L'année dernière. . . ; l'année prochaine je vais aller à Paris.
L'année dernière je suis allé(e) à Genève; l'année prochaine je vais aller à Paris.

La semaine dernière il est allé chez sa tante; la semaine prochaine. . .
La semaine dernière il est allé chez sa tante; la semaine prochaine il va aller chez son grand-père.

1. Hier. . . ; demain nous allons étudier le français.

   _____

   _____

2. La semaine prochaine. . . ; la semaine dernière j'ai pris le métro.

   _____

   _____

3. Le week-end prochain ils vont rester à la maison; le week-end dernier. . .

   _____

   _____

4. Samedi dernier elle a fait des courses; samedi prochain. . .

   _____

   _____

5. Hier soir. . . ; demain soir je vais aller au théâtre.

   _____

   _____

6. Cet après-midi. . . ; ce matin elle a téléphoné à sa cousine.

   _____

   _____

Mise au point

(Chapitres treize, quatorze et quinze)

Lecture: *Où jouent-ils?*

Scan the list of concerts given in Paris and in the rest of France, then answer the questions which follow.

CONCERTS

L'ensemble des dates et des lieux indiqués l'est sous réserve de changements ultérieurs. Il est préférable de s'informer dans la presse locale ou auprès des organisateurs des changements éventuels de programmation.

Joe Jackson : 15/5, Bordeaux (Patinoire Mériadeck) ; 17 et 18, Paris (Zénith) ■ **Manfred Mann's Earth Band with Chris Thomson** : 15/5, Lille ; 16, Paris (Zénith) ; 17, Strasbourg ; 18, Mulhouse ; 19, Lyon ; 21, Toulouse ; 22, Montpellier ; 23, Marseille ; 24, Nice ■ **« Nuit Câline »** : 24/5, Paris (Grande Halle de la Villette avec Jimmy Cliff, Kat, Malavoi, Aswad, Alpha Blondy, Gazoline, Tabou Combo à partir de 21 h.(■ **Jimmy Cliff/Bankie Banx** : 15/5, Toulon ; 20, Besançon (Palais des Sports) ; 22, Lyon (Bourse du Travail) ; 24, Paris ; 25, Rouen (parc Expo) ; 27, Lille (Espace 155) ■ **Queen avec Level 42, Marillion, Belouis, Some** : 14/6, Paris (Hippodrome de Vincennes) ■ **Fine Young Cannibals** : 21/5, Paris (Eldorado) ■ **Big Audio Dynamite** : 25/5, Paris (C. d'Hiver) ■ **Hipsway** : 26/5, Paris (Palace) ■ **Rory Gallagher** : 16/5, Lille (Espace 155) ; 20, Lyon (Bourse du Travail) ; 21, Annecy (Parc Expo) ; 22, St-Etienne (Maison de la Culture) ; 23, Clermont-Ferrand (Maison du Peuple) ; 24, Tergnier ; 28, Toulouse (Halle aux Grains) ■ **Katrina & the Waves** : 24/5, Paris (Rex Club) ■ **Inxs** : 29/5, Lyon (ENTPE) ;

A. Exercice de compréhension

1. I'll be in Paris on May 21. Which performer can I see and in what theater?

   _____

   _____

2. On May 15, I'll be in Lille. Who is playing there?

   _____

   _____

3. On May 17, my friends are going to be in Strasbourg. What group is playing on that day?

   _____

   _____

4. What performers can my friends and I see in Toulon during the month of May?

   _____

B. **Notre séjour à Paris.** You are in Paris with your family. Write a short letter to your teacher (in French) about what you did so far, what you're planning to do, etc.

Paris, le _____

Cher Monsieur (Chère Madame, Mademoiselle),

_____

_____

_____

_____

_____

_____

_____

Cordialement,

_____

C. **Les monuments de Paris.** Use the clues to complete the crossword puzzle of famous Parisian monuments and neighborhoods.

Horizontalement

3. C'est une cathédrale célèbre.
5. Pendant la Révolution, Marie-Antoinette a passé du temps dans cette prison.
8. C'est le quartier des artistes.
10. C'est un centre d'art moderne.

Verticalement

1. C'est là où il y a la Joconde *(Mona Lisa)*.
2. Elle a été construite à la fin du 19e siècle.
4. Le 14 juillet, il y a de grandes cérémonies.
6. C'est là où se trouvent les tombeaux de quelques grands écrivains *(writers)*.
7. C'est un centre d'affaires.
9. Si tu aimes les animaux, tu peux aller au _____ de Vincennes.

Unité six

On fait les courses

Planning Strategy

Your French-speaking friend is having some difficulties dealing with shop-keepers. In particular, he/she wants to know how to tell salespeople what he/she wants or needs and how to find out the price of something. Suggest some phrases and sentences he/she might use to accomplish the following tasks:

1. *How do I respond to the question, "Can I help you?"*

   _____

   _____

   _____

2. *How do I respond if someone asks, "Will there be anything else?"*

   _____

   _____

   _____

3. *How do I find out how much something costs?*

   _____

   _____

   _____

4. *How do I express quantities?*

   _____

   _____

   _____

Chapitre seize

Qu'est-ce qu'on va manger?

Lexique

Pour se débrouiller

Pour indiquer ce qu'on veut acheter

Je vais prendre...
Je prends...
Je voudrais...
J'ai besoin de...
Est-ce que vous avez....?
Donnez-moi...

Pour demander le prix de quelque chose

C'est combien?
Combien coûte....?
Combien est-ce que je vous dois?
  (How much do I owe you?)

Pour indiquer la quantité

un demi-kilo de
un gramme de
un kilo (kilogramme) de
un litre de

une livre de
une tranche de
assez pour ... personnes

Thèmes et contextes

La boulangerie-pâtisserie

une baguette
un croissant
un éclair
un gâteau au chocolat
un mille-feuille
le pain
un pain au chocolat

un pain de campagne
une pâtisserie
un petit pain
une religieuse
une tarte (aux pommes, aux fraises)
une tartelette (au citron)

La charcuterie

le jambon
le pâté
un rôti de porc cuit

une saucisse
un saucisson
une salade (de tomates, de concombres, de thon)

La boucherie

un bifteck	le canard	le mouton	le poulet	la viande
le bœuf	le gigot	le porc	un rôti	

Le petit déjeuner

le bacon
le beurre
les céréales (*f.pl.*)
la confiture

le jus d'orange
le lait
les œufs (*m.pl.*)
le toast

179

Noms

un anniversaire
une banane
un(e) boucher(-ère)
un(e) boulanger(-ère)
un(e) charcutier(-ère)
un four à micro-ondes
un fruit
une journée
une orange

Verbes

donner
faire les courses

Adjectifs

beau (belle, beaux, belles)
bon (bonne)
fin(e)

Autres expressions

assez pour
Bonne journée!
en tout
Et avec ça?
Il vaut mieux + *infinitive*
Quoi d'autre?

Première étape (p. 327 – p. 332)

A. **Lisons!** The following is the recipe for a favorite French dessert. Read the text, getting the meaning from the accompanying drawings. Then do the two exercises.

Clafoutis aux pommes

Les Français ne mangent pas toujours un dessert à la fin d'un repas. Souvent ils mangent seulement du fromage, un yaourt ou un fruit. Cependant, le dimanche ou pour leurs invités, ils préparent de délicieux desserts. . . le clafoutis, par exemple.

Circle the best answer for each of the items according to what you read in the recipe.

1. A **clafoutis** is: a salad, a dessert, a plate of vegetables.

2. To make a **clafoutis,** you need: two whole eggs, two egg whites, two egg yolks.

3. You're supposed to: mix the apples with the milk, put the apples at the bottom of the dish, eat the apples.

181

4. Once you've put the mixture on the apples, you have to put the dish: into the refrigerator, into the oven, into the freezer.

5. The **clafoutis** is ready: when it is firm and golden, when it is sprinkled with powdered sugar, when it is hot.

6. You can also make the **clafoutis** with: cherries, fruit pits, pepper.

Answer the following questions according to what you read in the recipe.

1. What are you supposed to do with the flour **(farine)?**

   _____

2. When do you add the vanilla extract?

   _____

3. Where are you supposed to put the apples?

   _____

4. How long is the dessert supposed to stay in the oven?

   _____

5. If you make the **clafoutis** with cherries **(cerises),** what do you have to remember to do?

   _____

B. **À la boulangerie-pâtisserie.** It's your first day at work in a bakery and the owner wants you to label all the items in the store window. Look at the drawings and write in the names of the items.

1. _des baguettes_   2. _____   3. _____   4. _____   5. _____

6. _____   7. _____   8. _____   9. _____   10. _____

C. **Va à la boulangerie!** You're sending your little brother/sister to the bakery to buy bread and dessert for several meals. Make the shopping list and be sure to add the quantities. (You need bread and desserts for a large family.)

Boulangerie-pâtisserie

4 baguettes

_____

_____

_____

_____

_____

_____

_____

_____

Révision

The interrogative expression **quel**

Quel has four forms (**quel, quelle, quels, quelles**) and means *what* or *which* in English. It must agree in gender and number with the noun it modifies. Use a form of **quel** when you want to ask someone to identify something.

> **Quel** can be used in two ways: **quel** + noun
> **quel** + **être** + noun

Quels desserts est-ce que tu préfères?
Quelle est ta voiture préférée?

D. **Je ne comprends pas!** You're very distracted, and when your friends make statements to you, you have no idea what they're talking about. Get clarification by asking questions using a form of **quel**.

MODÈLE: Mon amie s'appelle Janine.
   Quelle amie?

1. J'ai trouvé mes clés.   _____

2. Nous avons visité le monument.   _____

3. Françoise cherche son chat.   _____

4. Donne-moi la calculatrice.   _____   **183**

5. Ma mère a commandé l'ordinateur. _____

6. J'ai acheté les éclairs. _____

7. Paul a mangé la tarte. _____

8. Elles aiment tes disques. _____

9. Tu as mes cassettes? _____

10. Ta petite amie a téléphoné. _____

E. **À la boulangerie-pâtisserie.** Complete the following sentences logically, using items that can be bought in a bakery.

1. J'adore _____

2. Ce soir, je vais manger _____

3. Je n'aime pas _____

4. Récemment j'ai mangé _____

5. J'aime _____, mais je préfère _____

6. S'il vous plaît, Madame. Je voudrais _____

7. Comme dessert, je préfère _____

8. Mon amie préfère _____

Deuxième étape (p. 333 – p. 339)

F. **Lisons!** Read the following advertisement for one of France's large supermarkets. Then **name seven products** from the ad that you're likely to find in the **charcuterie** section of the supermarket.

Carrefour actualités

☐ **Paté de foie Germanaud,**
la terrine de 800 g **16,90**
soit le kg 21,13

☐ **Jambon fumé, Fleury-Michon**
1er choix
le kg 57,55 **49,60**

☐ **Camembert Le Chatelain,**
la boîte de 250 g **7,20**
soit le kg 28,80

☐ **Riz complet camargue Donati**
le paquet de 1 kg 9,95 **8,00**
soit le kg : 8,00

☐ **Shampooing Dop,**
le lot de 2 flacons de 400 ml . . **12,15**
soit le litre 15,19

☐ **Yaourts nature Senoble,**
le lot de 16 pots de 125 g **11,35**
soit le kg 5,68

☐ **Brie Marcillat, 1/12e**
180 g 7,25 **5,95**
soit le kg : 33.06

☐ **Tranches de salami**
Fleury Michon,
× 30, la boîte de 250 g **14,30**
soit le kg 57,20

☐ **Saucisson pur porc, Justin**
Bridou, Label rouge
le kg 76,15 **63,50**

☐ **Glace à l'américaine**
Gervais,
parfums : vanille ou caramel
la boîte de 750 ml **17,05**
soit le litre 22,73

☐ **Bacon, Chevallier**
le kg 108,80 **86,50**

☐ **Rôti de porc cuit**
Germanaud,
le sachet de 280 g **17,90**
soit le kg 63,93

☐ **Orangina**
la boîte 4 x 33 cl 9,80 **8,65**
soit le litre : 6.55

☐ **Frosti Kellogg's,**
le paquet de 375 g **11,45**
soit le kg 30,53

☐ **Saucisse de viande, Herta**
400 g 14,70 **11,90**
soit le kg : 29,75

1. _____
2. _____
3. _____
4. _____
5. _____
6. _____
7. _____

G. **Déchiffrons!** *(Let's decipher!)* Your mother wrote out a shopping list for you so that you could go to the **charcuterie** after school. Unfortunately, you spilled something on it and all the words got blurred. Re-write the list based on what you guess the words are.

Va à la charcuterie et
achète les choses suivantes:
500 gr de ~~paté~~
10 ~~tranches~~ de jambon
du ~~saucisson~~
(assez pour 4 personnes)
6 ~~saucisses~~ de porc
~~viande~~ de tomates
(assez pour 2 personnes)
salade de ~~concombres~~
(assez pour 3 ~~personnes~~)

_____
_____
_____
_____
_____
_____
_____

185

Révision

The partitive

> Je voudrais **de la** salade de tomates, **du** jambon et **des** saucisses.

The partitive article is used when you want to indicate *part of* something. To form the partitive, simply add **de** to the definite articles:

> de + le = **du** (**du** jambon, **du** saucisson, **du** pâté, **du** courage)
> de + la = **de la** (**de la** salade, **de la** soupe, **de la** patience)
> de + l' = **de l'** (**de l'**imagination, **de l'**eau minérale)
> de + les = **des** (**des** tomates, **des** pâtisseries, **des** saucisses)

After a negative expression, the partitive articles become **de** regardless of the gender and number of the noun:

> Je **n'**ai **pas de** disques.
> Nous **n'**avons **pas de** jambon.
> Ils **n'**ont **pas de** salade.

H. Add the appropriate partitive article to each noun.

MODÈLE: pain
            du *pain*

1. _____ salade
2. _____ pâté
3. _____ rôti
4. _____ jambon
5. _____ tarte
6. _____ céréales
7. _____ soupe
8. _____ gâteau
9. _____ eau minérale
10. _____ bananes
11. _____ saucisses
12. _____ Coca

I. **Le garçon.** Write out the waiter's question, using the appropriate form of the partitive articles.

MODÈLE: café
            Vous désirez du café?

1. thé   _____
2. fruits   _____
3. limonade   _____
4. eau minérale   _____
5. salade de thon   _____
6. pâtisseries   _____

Révision

The definite, indefinite and partitive articles

Use:	to describe:	
the definite articles: **le, la, l', les**	a noun used in the general sense a specific thing	**J'aime le pain.** *I like bread (in general).* **Voici le pain que j'ai acheté.** *Here is the (specific loaf of) bread that I bought.*
the indefinite articles: **un, une, des.** Note that **un, une,** and **des** become **de** after a negative expression.	one (or several) whole items	**J'ai acheté un pain.** *I bought (a loaf of) bread.*
the partitive articles: **du, de la, de l', des.** (These also become **de** after a negative expression.)	a part of something	**Je mange du pain.** *I'm eating some bread.*

J. Complete the following sentences using the appropriate articles (definite, indefinite or partitive). Remember that the indefinite and partitive articles become **de** after a negative expression.

1. J'adore *les* pâtisseries. Ce matin j'ai acheté _____ éclair et _____ religieuses, mais je n'ai pas acheté _____ mille-feuille.

2. M. Leblanc a pris _____ café parce qu'il n'aime pas _____ thé.

3. Adèle a _____ sœurs et _____ frères, mais elle n'a pas _____ cousins.

4. Ce sont _____ clés de Martine.

K. **Goûts et habitudes.** Complete the following conversations, using the nouns provided and adding the appropriate articles.

1. pain / baguette / pain de campagne
   — Nous prenons toujours _du pain_ avec le dîner.
   — Nous aussi. Moi, j'aime beaucoup _le pain_.
   — Voici la boulangerie. Entrons! Moi, je vais acheter _une baguette_.
   — Et moi, je voudrais _un pain de campagne_.

2. pâtisseries / tartelette / mille-feuille
   — Je vais acheter _____.
   — Attention! Quand on mange _____, on grossit *(gets fat)*.
   — Je ne résiste pas à la tentation. J'adore _____. Et toi, tu vas prendre quelque chose?
   — Oui, pourquoi pas? Je vais prendre _____.

3. Coca / eau minérale / citron pressé
   — Vous désirez _____?
   — Non, j'aime mieux _____.
   — Je n'ai pas _____, mais est-ce que vous voulez _____?

4. sandwich / jambon / fromage / omelette aux fines herbes
   — Je vais manger _____.
   — Moi aussi. Est-ce que vous avez _____?
   — Non, mais nous avons _____.
   — Je n'aime pas _____. Je vais prendre _____.

L. **Mes préférences.** You're about to go visit a French family. They have written to you to ask your preferences in foods and what kinds of things you eat. Write a short letter to them. State your likes and dislikes. Then say what you usually eat for breakfast and lunch.

le _____

Chers Monsieur et Madame Simonnet,

_____

_____

_____

_____

_____

_____

_____

_____

Bien à vous,

_____

189

Troisième étape (p. 340 – p. 347)

M. Lisons! Here is the recipe of the month from one of France's large supermarkets. Read it to get the general idea. Then answer the questions.

La recette du mois
STEAK TARTARE

Pour 6 personnes
900 g de bifteck haché, 6 œufs, 4 oignons, 125 g de câpres, 6 petites cuillerées de fines herbes hachées, 6 cuillerées à soupe d'huile d'olive, Worcester sauce, tomato Ketchup, 2 citrons, sel, poivre, moutarde.
Préparer dans chaque assiette la viande modelée en steak. Disposer au-dessus un jaune d'œuf cru dans sa demi-coquille.
Présenter à table les herbes, les oignons hachés, la moutarde, l'huile, les citrons coupés et câpres et laisser chacun aromatiser son tartare à son goût.
Servir accompagné d'un beaujolais-villages ou d'un rosé bien frais.

Carrefour

1. Is this recipe for a cooked or uncooked dish?

   _____

2. What are the main ingredients of the dish?

   _____

3. What kinds of spices and condiments are used?

   _____

4. Is the egg that is placed on top cooked or uncooked?

   _____

5. What condiments should be served separately with the dish?

   _____

6. If you cooked this dish, what American food would it resemble?

   _____

7. Have you ever tasted steak tartare? Did you like it? If you haven't tasted it, do you think you would like it? Why or why not?

   _____

N. Your job at the **boulangerie** didn't work out very well. Now you're working at a butcher shop. On your first day, you're again asked to label all the items in the window. Look at the drawings and write in the appropriate names.

1. _____   2. _____

3. _____   4. _____

191

Révision

Demonstrative adjectives

ce	masculine singular before a consonant **(ce livre)**
cet	masculine singular before a vowel or vowel sound **(cet étudiant)**
cette	feminine singular **(cette voiture)**
ces	feminine and masculine plural **(ces disques, ces maisons)**

When you want to make a distinction between *this* and *that* or *these* and *those*, use the demonstrative adjective and add **-ci** *(this, these)* or **-là** *(that, those)* to the noun:

—Je préfère **ce** disque**-ci.**
—Moi, j'aime mieux **ce** disque**-là.**

O. Add the appropriate demonstrative adjective to each of the following nouns.

MODÈLE: cassette
cette cassette

1. _____ fruits   2. _____ disque   3. _____ vélo

4. _____ jambon   5. _____ ordinateur   6. _____ voiture

7. _____ biftecks   8. _____ tartelettes   9. _____ appartement

10. _____ viande   11. _____ rosbif   12. _____ étudiante

13. _____ salade   14. _____ hôtel   15. _____ étudiants

P. **Non. Ce rôti-là!** In each of the stores you visit, you make your choices. However, the shopkeepers don't understand what you want. Therefore, you make it clear by using **-ci** or **-là**. Write out the short exchange you have with each person.

MODÈLE: biftecks / -là
—Je vais prendre ces biftecks.
—Ces biftecks-ci?
—Non. Ces biftecks-là.

1. tarte / -ci   _____

_____

_____

2. saucisses / -là   _____

_____

_____

3. rôti / -là   _____

_____

4. éclairs / -ci   _____

_____

_____

Q. Ce que j'ai acheté. *(What I bought.)* Your mother asks you to go to the butcher shop to buy some meat. When you return home, your mother isn't around, so you leave her a note about your purchases.

1. Tell her you went to the butcher shop.
2. Explain that you bought 4 steaks, some roast beef, and a leg of lamb.
3. Explain that you didn't buy any pork.
4. Tell her that the meat is in the refrigerator.
5. Tell her that you're at the library and that you'll be home soon.

Maman,

_____

_____

_____

_____

_____

_____

_____

193

Chapitre dix-sept
Achetons des fruits et des légumes!

Lexique

Pour se débrouiller

Pour indiquer une quantité

beaucoup de
pas beaucoup de
un peu de
quelques
très peu de
un kilo de
un demi-kilo de
une livre de
50 grammes de

un litre de
une bouteille de
une douzaine de
un morceau de
un bout de
une tranche de
trop de
assez de
pas assez de

Pour faire une comparaison

plus de . . . que
autant de . . . que
moins de . . . que

Thèmes et contextes

Les légumes

une asperge
une carotte
un champignon
un chou
un concombre
une courgette
un haricot vert

un oignon
un petit pois
une pomme de terre
un radis
une salade
une tomate

Les fruits

un abricot
une banane
une cerise
un citron
une fraise
une framboise

un melon
une orange
une pêche
une poire
une pomme

195

Les produits laitiers

le beurre | le fromage (le brie, le camembert, le gruyère)
la crème | le yaourt

Les produits surgelés

la glace | le poisson
la pizza | les pommes frites

Autres choses à manger

la farine
le ketchup
la mayonnaise
la moutarde
le pâté
les pâtes *(f. pl.)*
le poivre
le poulet
le riz
le sel
le sucre

Vocabulaire général

Noms

un achat
l'argent *(m.)*
une botte
un carton
un chariot
une boîte de conserves
une épicerie
un filet
l'imagination *(f.)*
un marché en plein air
la patience
un produit
un rayon
un supermarché
un vêtement

Verbe

terminer

Adjectifs

frais (fraîche)
laitier (-ère)
surgelé(e)

Autres expressions

Ça suffit.
il faut
il me faut
il leur faut
il vous faut

Première étape (p. 349 – p. 355)

A. **Lisons! La ratatouille niçoise.** *(Vegetable stew.)* Read the following recipe, then answer the questions which follow.

Préparation: 20 minutes
Cuisson: 1 heure 30
Proportions: pour 6 personnes
Ingrédients: 1 kg de courgettes   3 gros oignons
                 1 kg de tomates   2 gousses d'ail *(garlic)*
                 4 poivrons *(green peppers)*   4 cuillerées à soupe d'huile d'olive *(olive oil)*
                 1 aubergine *(eggplant)*

Mettez les oignons et l'ail dans l'huile. Quand c'est blond, ajoutez les poivrons et l'aubergine coupés en morceaux. Laissez cuire 20 minutes. Ensuite, ajoutez les tomates coupées en morceaux. Laissez cuire 15 minutes. Ajoutez les courgettes en petits morceaux. Laissez cuire à peu près 50 minutes.
La ratatouille peut se manger de différentes façons: nature, avec une omelette, dans une tarte, gratinée avec du gruyère, froide, avec des anchois *(anchovies)*.

1. If you wanted to double this recipe, how much of everything should you put in? Write your answer out in French.

   _____

   _____

   _____

2. What is absent from this recipe that makes this a particularly healthy dish?

   _____

3. In what order should the vegetables be put in?

   first _____

   second _____

   third _____

4. Name three ways in which the **ratatouille** can be eaten.

   _____

   _____

B. **Qu'est-ce que c'est?** Look at the drawings and label the fruits and vegetables.

1. <u>une banane</u>

2. _____

3. _____

4. _____

5. _____

6. _____   **197**

7. _____   8. _____   9. _____

10. _____   11. _____   12. _____

C. **Mes préférences.** Name four fruits and four vegetables that you particularly like. Then name four of each that you dislike and two of each that you'll eat but are not really crazy about.

1. les fruits que j'aime

_____
_____
_____
_____

2. les légumes que j'aime

_____
_____
_____
_____

3. les fruits que je n'aime pas

_____
_____
_____
_____

4. les légumes que je n'aime pas

_____
_____
_____
_____

5. les fruits que je mange quelquefois

_____
_____

6. les légumes que je mange quelquefois

_____
_____

Révision

Expressions of quantity

General quantity

> **beaucoup de**
> **pas beaucoup de**
> **un peu de**
> **quelques**
> **très peu de**

Specific quantity

> **un kilo de**   **une bouteille de**
> **un demi-kilo de**   **une douzaine de**
> **une livre de**   **un morceau de**
> **50 grammes de**   **un bout de**
> **un litre de**   **une tranche de**

D. **Et votre frère?** Use the cues to tell how many of the following items the people mentioned possess.

MODÈLE: disques / votre frère
Mon frère a beaucoup de disques. ou:
Mon frère a très peu de disques.

1. livres / votre père

   _____

2. cassettes / votre frère

   _____

3. cahiers / votre sœur

   _____

4. disques / vos amis

   _____

5. stylos / votre mère

   _____

6. cassettes / votre petit(e) ami(e)

   _____

E. **Qu'est-ce que vous avez acheté?** Indicate how much of each item each person bought yesterday.

MODÈLE: Mme Tanson / eau minérale (1 bouteille)
Mme Tanson a acheté une bouteille d'eau minérale.

1. mon père / pommes (2 kilos)

   _____

199

2. je / Coca (1 litre)

_____

3. Mlle Lecuyer / jambon (4 tranches)

_____

4. nous / croissants (1 douzaine)

_____

5. M. Robichou / pâté (50 grammes)

_____

6. mes cousins / saucisson (1 bout)

_____

F. **Dans mon frigo, il y a. . .** Look in your refrigerator at home and explain what it contains. Use expressions of general and specific quantity in your description.

MODÈLE: Dans mon frigo, il y a _une livre de beurre._

Dans mon frigo, il y a

1. _____
2. _____
3. _____
4. _____
5. _____
6. _____
7. _____
8. _____
9. _____
10. _____

Deuxième étape (p. 356 – p. 365)

G. **Lisons! Maxicoop.** Read the ad from the supermarket Maxicoop. Since your family doesn't speak French, explain the different categories of things they can buy in the store.

maxicoop

CONDIMENTS ET HUILES

CORNICHON AMORA
Le bocal de 220 g **8,30F**
Le kilo . . . . 37.73 F

MAYONNAISE NATURE BÉNÉDICTA
Le tube de 235 g **6,95F**
Le kilo . . . . 29.58 F

CONSERVES DE LÉGUMES

POIS EXTRA FINS COOP
la boîte 4/4 de 560 g **5,40F**
Le kilo . . . . 9.65 F

HARICOTS VERTS TRÈS FINS CASSEGRAIN
La boîte 4/4 de 460 g **6,20F**
Le kilo . . . . 13.48 F

CRÈMERIE

BEURRE DOUX ou demi-sel
La plaque de 250 g **5,80F**
Le kilo . . . . 23.20 F

YAOURTS NATURE DANONE le lot de 16×125 g **14,50F**
Le kilo 7.25F

CAFÉ ET THÉ

CAFÉ MOULU CAFRIK
Le paquet de 250 g **9,90F**
Le kilo . . . . 39.60 F

CONFITURES ET FRUITS AU SIROP

CONFITURE DE FRAISES BONNE MAMAN
Le bocal de 370 g **6,30F**
Le kilo . . . . 17.03 F

CONFITURE D'ABRICOTS BONNE MAMAN
Le bocal de 370 g **5,20F**
Le kilo . . . . 14.06 F

PÂTÉS ET PLATS CUISINÉS

PÂTÉ DE CAMPAGNE OLIDA
Le lot de 3 boîtes 1/10 de 78 g **5,80F**
Le kilo . . . . 24.79 F

POTAGES

SOUPE DE POISSONS LIEBIG
La boîte de 300 g **4,90F**
Le kilo . . . . 16.34 F

LAIT ET FARINES

LAIT ÉCRÉMÉ RÉGILAIT
Le paquet de 300 g **7,20F**
Le kilo . . . . 24.00 F

FARINE MÉNAGÈRE T 55
Le paquet d'1 kilo **2,60F**

Food categories:

_____

_____

_____

_____

_____

_____

H. **Les courses.** You're at the grocery store shopping for your family. Unfortunately, whoever wrote the list used abbreviations for everything. Now you have to "translate" the list.

MODÈLE: gry (1 mrc)
un morceau de gruyère

1. pmms (1 k) _____

2. frs (3 crt) _____

3. rds (2 bot) _____

4. bnns (4) _____

5. prs (1/2 k) _____

6. from bri (50 g) _____

7. pommsdetr (2 k) _____

8. far (1 liv) _____

9. ktchp (2 bt) _____

10. scr (1 liv) _____

11. asp (1/2 k) _____

12. hv (1 k) _____

201

I. **Qu'est-ce qu'on utilise pour faire. . . ?** List the ingredients you need to prepare the following dishes. Some additional vocabulary: **le bœuf haché** *(ground beef)*, **une boîte de** *(a can of)*.

MODÈLE: Qu'est-ce qu'on utilise pour faire une omelette au jambon?
On utilise des œufs, du jambon et du lait.

Qu'est-ce qu'on utilise pour faire

1. une omelette au fromage? _____

_____

2. une salade? _____

_____

3. une tarte aux fraises? _____

_____

4. une sauce de spaghetti? _____

_____

5. un sandwich au jambon? _____

_____

6. une salade de fruits? _____

_____

7. un ragoût de bœuf? _____

_____

Révision

Expressions of comparison

plus de . . . que	Elle a **plus de** frères **que** moi.
autant de . . . que	J'ai **autant de** posters **que** mon père.
moins de . . . que	Nous avons **moins d'**argent **que** Paul.

Expressions of sufficiency

trop de	Il a **trop d'**argent.
assez de	Elle a **assez d'**argent pour acheter une voiture.
pas assez de	Nous n'avons **pas assez de** fruits.

J. **Et votre sœur?** Use the possessions indicated to compare yourself to the members of your family. Use the expressions **plus de . . . que**, **autant de . . . que**, and **moins de . . . que** in your descriptions.

MODÈLE: cassettes / votre père
J'ai plus de cassettes que mon père.   ou:
J'ai autant de cassettes que mon père.

1. posters / votre frère

_____

2. livres / votre père

_____

3. plantes vertes / votre sœur

_____

4. disques / vos amis

_____

5. clés / votre mère

_____

6. sœurs / votre petit(e) ami(e)

_____

K. **Est-ce qu'il y a de la place. . . ?** Indicate whether there is enough room for the person(s) mentioned in the following situations.

MODÈLE: l'auto de Jean-François: quatre places / trois places occupées
Est-ce qu'il ya de la place pour Marie dans l'auto de Jean-François?
Oui, il y a assez de place pour Marie.

1. l'auto de Christine: quatre places / trois places occupées
Est-ce qu'il y a de la place pour Georges et sa cousine dans l'auto de Christine?

_____

2. la table de Mme Lefranc: huit places / trois places occupées
Est-ce qu'il y a de la place pour M. et Mme Jussieu à la table de Mme Lefranc?

_____

3. la motocyclette d'Alain: deux places / deux places occupées
Est-ce qu'il y a de la place pour Vincent sur la motocyclette d'Alain?

_____

4. la maison de M. et Mme Verrière: trois chambres / une chambre occupée
Est-ce qu'il y a de la place pour votre oncle, votre tante et votre petit cousin dans la maison de M. et Mme Verrière?

_____

203

Chapitre dix-huit _____

Moi, j'ai des courses à faire

Lexique

Thèmes et contextes _____

La musique

une bande magnétique	un magnétophone
une chaîne stéréo	un magnétoscope
une chanson	la musique classique
une cassette	une radio-cassette
une cassette vierge	le rock
un disque	une vidéo
un disque compact	un vidéo-clip
un enregistreur à cassette	une vidéo vierge
le jazz	un walk-man

Une bijouterie

une bague	une chaîne
des boucles d'oreille *(f. pl.)*	une montre
un bracelet	un pendentif

Une papeterie

un calendrier
un carnet
une carte (de Noël, d'anniversaire, pour le Nouvel An)
un conférencier
un crayon
une enveloppe
une gomme
le papier à écrire
un stylo

Un magasin de jouets

un ballon	une poupée
un camion	un robot
un jeu vidéo	un train électrique
un jouet	

Un magasin de sport

un appareil de gymnastique
un ballon (de foot)
une raquette (une balle) de tennis
des skis *(m. pl.)*
un vélo

205

Noms

un cadeau
une capitale
un centre commercial
un coiffeur (une coiffeuse)
la distance
un dollar
un grand magasin
un(e) habitant(e)
la lecture
la population
la superficie

Verbes

chanter
devoir
louer
penser
rêver

Adjectifs

cher(-ère)
dernier(-ère)
extra (extraordinaire)
gâté(e)
joli(e)

Adverbes

probablement
tellement

Autres expressions

beaucoup de monde
de quoi
pas mal de

Première étape (p. 367 – p. 373)

A. **Lisons!** Read the following letter from your French friend Claire, who would like to know what music you like, what videos you watch, and other related information.

Bourges, le 6 mars _____

Cher _____ / Chère _____,

Merci pour ta dernière lettre. Moi aussi, j'adore la musique et je voudrais savoir un peu plus sur tes préférences. Mes camarades me posent souvent des questions sur les États-Unis parce qu'ils savent que tu me donnes beaucoup de renseignements. Voilà donc mes questions: Quelles sont les dernières chansons (les hits) que vous écoutez aux États-Unis? Quels disques est-ce que tu as achetés récemment? Quelles cassettes est-ce que tu préfères? Est-ce que tu as un magnétoscope? Quelles vidéos est-ce que tu regardes? Est-ce que tu peux louer des vidéos? Est-ce que tu aimes la musique classique? Et le jazz? Est-ce que tu as un enregistreur à cassette? Est-ce que tu as une chaîne stéréo? Quels magazines est-ce que tu achètes? Est-ce que tu vas aux concerts de rock? Quels chanteurs est-ce que tu préfères?

J'ai beaucoup de questions parce que je vais écrire *(to write)* un petit rapport pour ma classe. Nous étudions la culture américaine et tous mes camarades s'intéressent beaucoup à la culture des jeunes et à la musique préférée des Américains.

Amitiés,
Claire

Now respond to Claire's letter, answering the 13 questions she asked.

le _____

Chère Claire,
Voilà les renseignements que tu m'as demandés.

1. _____
2. _____
3. _____
4. _____
5. _____
6. _____
7. _____
8. _____
9. _____
10. _____
11. _____
12. _____
13. _____

Amitiés,

_____

B. **À la Fnac.** Identify the items that can be bought at the Fnac.

1. _____   2. _____   3. _____

4. _____   5. _____   6. _____

Révision

Numbers from 70 to 1 000 000

70	soixante-dix	80	quatre-vingts	90	quatre-vingt-dix
71	soixante et onze	81	quatre-vingt-un	91	quatre-vingt-onze
72	soixante-douze	82	quatre-vingt-deux	92	quatre-vingt-douze
73	soixante-treize	83	quatre-vingt-trois	93	quatre-vingt-treize
74	soixante-quatorze	84	quatre-vingt-quatre	94	quatre-vingt-quatorze
75	soixante-quinze	85	quatre-vingt-cinq	95	quatre-vingt-quinze
76	soixante-seize	86	quatre-vingt-six	96	quatre-vingt-seize
77	soixante-dix-sept	87	quatre-vingt-sept	97	quatre-vingt-dix-sept
78	soixante-dix-huit	88	quatre-vingt-huit	98	quatre-vingt-dix-huit
79	soixante-dix-neuf	89	quatre-vingt-neuf	99	quatre-vingt-dix-neuf

100	cent	200	deux cents
101	cent un	201	deux cent un
102	cent deux	202	deux cent deux

1 000	mille	2 000	deux mille
1 001	mille un	2 500	deux mille cinq cents
1 002	mille deux	2 550	deux mille cinq cent cinquante

1 000 000	un million	2 000 000	deux millions

C. **Mes factures.** *(My bills.)* Your parents have gone on vacation and given you the task of making out the checks to pay the monthly bills. Write out the amount for each of the following bills.

MODÈLE: 14F80   *quatorze francs quatre-vingts*

1. 16F95 _____   5. 181F _____

2. 89F _____   6. 665F _____

3. 379F _____   7. 1 500F _____

4. 2 899F _____   8. 476F50 _____

Deuxième étape (p. 374 – p. 380)

D. **Lisons!** When you read ads or guidebook pages, you're probably most interested in the details. Reading for detail means that you quickly focus on the most important information. The following ad tells you what kinds of stores are open if you need something late at night. Look at the key facts and then answer your friends' questions.

Ah, Paris la nuit !

Pour les noctambules, la vie peut continuer jusqu'au petit matin. Il est cependant prudent de se rappeler deux ou trois adresses qui peuvent s'avérer des plus utiles.

☐**DRUGSTORES.** Tous les drugstores parisiens sont ouverts jusqu'à 2H00 du matin. 149 Bd St-Germain-des-Prés (Mo St Germain) ; 133 Av. des Champs-Elysées (Mo Etoile) ; 1 Av. Matignon (Mo Franklin Roosevelt).

☐**COURRIER NON-STOP.** La poste située au 52 rue du Louvre (1er Arrondissement) est ouverte 24H sur 24.

☐**PHARMACIE.** La Pharmacie Dhéry, 84 Av. des Champs-Elysées, est ouverte tous les jours de l'année, 24H sur 24. Tél. : 45.62.02.41

☐**SUPERMARCHÉ :** « AS ECO », juste à côté de Beaubourg (rue Brantôme) est ouvert 24H sur 24 du lundi 9H00 au samedi 23H00. Et les prix ne sont pas plus chers qu'ailleurs.

☐**UNE PETITE FAIM :**
✔**Le Cochon Rose,** à Pigalle, vend fruits et légumes, épicerie, charcuteries, etc. de 18H00 à 17H00 tous les jours sauf le jeudi. 44 Bd de Clichy (17e).
✔**Coup de faim.** Pizzas, salades, plats à réchauffer. Cuisine moyenne, prix corrects pour commencer son dîner à domicile, à l'américaine. Tél. : 48.03.24.20
✔**Boulangerie de l'Ancienne Comédie.** Au cœur de St-Germain-des-Prés (10 rue de l'Ancienne Comédie), on peut y déguster des croissants . . . sous la lune. Ouvert 24H sur 24 sauf le dimanche de 7H00 à 21H00.
✔**Le Titi Gourmand,** à Belleville, vend ses pains et gâteaux de 1H30 à 6H30 ! 26 rue Ramponneau (20e).
✔Il existe plusieurs brasseries ouvertes toute la nuit. Si elles présentent l'incomparable avantage de satisfaire une faim soudaine et, éventuellement d'y rencontrer d'autres noctambules affamés, il faut savoir que ces brasseries restent chères. Comptez environ 200 à 250 Francs. **Au Pied de Cochon,** 6 rue Coquillière.

---

1. Where can I get a prescription filled late at night?

   _____

2. How many **Drugstores** are there in Paris? How late are they open?

   _____

3. What does "Mo" mean next to the **Drugstore** addresses?

   _____

4. Where can I go to buy some bread and pastries?

   _____

5. When is the Boulangerie de l'Ancienne Comédie closed?

   _____

6. I want some take-out food. Where can I go late at night?

   _____

209

7. Are there any supermarkets open late at night? What are their prices like?

———————————————————————————

8. I want to mail some postcards and I need stamps. Where can I go?

———————————————————————————

9. If I can't get to the supermarket, is there another store where I can do some general food shopping?

———————————————————————————

10. Are there any places where I can get a quick bite to eat? Are they expensive?

———————————————————————————

E. **Où aller?** Check off where you would buy the items in the left-hand column.

Item	Fnac	bijouterie	papeterie	magasin de sport
1. des enveloppes				
2. une bague				
3. un magnétophone				
4. une raquette de tennis				
5. du papier à écrire				
6. un ballon				
7. un calendrier				
8. des boucles d'oreille				
9. des vidéos vierges				
10. un appareil de gymnastique				
11. une montre				

Révision

The irregular verb **devoir**

je **dois**	nous **devons**
tu **dois**	vous **devez**
il, elle, on **doit**	ils, elles **doivent**

The irregular verb **devoir** means *to owe* (money or objects) and expresses obligation or what one is supposed to do.

F. Complete the following sentences using the present tense of the verb **devoir.**

1. Qu'est-ce que tu _____ faire demain? Je _____ aller chez le dentiste.

2. Nous _____ $100 à nos parents. Paul leur _____ $35, et moi, je

   leur _____ $65.

3. Pourquoi est-ce qu'ils ne vont pas au cinéma avec nous? Parce qu'ils _____ faire leurs devoirs.

4. Où est-ce que vous _____ aller aujourd'hui? Nous _____ aller au supermarché.

5. Et elle, qu'est-ce qu'elle _____ faire? Je ne sais pas. Elle _____ demander à ses parents.

G. **Pourquoi. . . ? Parce que. . .** Use the verb **devoir** and the information provided in the drawing to explain why the following people can't do what you thought they would do.

MODÈLE: Pourquoi est-ce que Suzanne ne va pas au cinéma?
Parce qu'elle doit aller au supermarché pour sa mère.

1. Pourquoi est-ce que Jean ne va pas à la piscine?

_____

2. Pourquoi est-ce que tu ne vas pas avec nous?

_____ **211**

3. Pourquoi est-ce qu'ils ne vont pas à la Fnac?

_____

4. Pourquoi est-ce que vous ne regardez pas la vidéo?

_____

5. Pourquoi est-ce que je ne peux pas *(can't)* téléphoner à mes amis?

_____

Mise au point _____

(Chapitres seize, dix-sept et dix-huit)

Lecture: *La charcuterie du quartier*

A. Read the following passage about the Chartiers and their family business.

Tous les jours, très tôt le matin, les Chartier arrivent dans leur charcuterie. Sur le trottoir, ils rencontrent leur voisin, le boulanger. Ils discutent pendant quelques minutes avant de commencer leur travail. Les Chartier, comme tous les petits commerçants français, travaillent très dur pour gagner leur vie. Du matin au soir ils préparent de bons plats pour leurs clients.

Dans la cuisine, à l'arrière du magasin, Mme Chartier prépare une variété de salades, coupe les tranches de rôti et prépare le poulet. Son mari fait l'inventaire. Est-ce qu'il y a assez de pâté, de saucisson, de conserves? Demain, c'est dimanche. Les clients vont donc arriver en grand nombre pour acheter les plats pour le grand repas.

Bientôt, ces clients commencent à arriver. «Bonjour, Monsieur... Bonjour, Madame... Vous désirez?.. Ah, oui, notre pâté est excellent... Assez de jambon pour quatre... Notre salade de concombres est exceptionnelle... Comment vont les enfants?... Et votre femme? ... Pour un repas spécial, prenez le saumon comme hors-d'œuvre... Jean-Paul est encore à Paris?... Des escargots?... Pour vous, Madame, nous avons préparé une mayonnaise sans égal.» Ainsi continuent les commentaires et discussions tout le long de la journée.

Le soir, les Chartier sont fatigués, mais contents. Ils ont bien travaillé et leurs clients sont satisfaits. Avant de fermer la charcuterie pour le week-end, ils n'oublient pas leur dîner. Ils vont rentrer et manger tranquillement quelques bonnes choses de leur magasin. Heureusement qu'ils ne sont pas obligés de faire la cuisine ce soir! Demain, ils vont aller prendre le repas de dimanche chez leur fille Annick. C'est elle qui va faire la cuisine!

1. **Le sens général.** Find the key sentence that expresses the *general* meaning of the reading passage.

   _____

   _____

2. **Les détails.** Answer, in French, the following questions about the passage.

   a. What other kind of small shopkeeper is mentioned? _____

   b. Make a list of all the products sold in a **charcuterie** that are mentioned in this passage.

   _____

   _____

   c. Make a list of all the verbs that indicate what the Chartiers do as part of their daily work. Give the infinitive forms of the verbs and add any nouns that may be necessary to make the meaning clear.

   _____

   _____

   _____

3. **Conclusion.** According to your interpretation of the passage, what makes the Chartiers successful business people? Answer in English.

   _____

   _____

B. **On a fait des courses.** Reconstruct the shopping day of the Tournier family according to the various store signs and products that you see below. Explain what stores they went to and what they bought.

BIJOUTERIE MARGAUX

_____

_____

_____

_____

_____

C. **L'inventaire.** You're working after school in a supermarket and it's your job to do the inventory. For each item mentioned, first choose the general quantity (**beaucoup, pas beaucoup, assez, pas assez, trop**). Then compare the item to the other item provided (**plus de, moins de, autant de**).

MODÈLE: haricots verts (beaucoup) / champignons (pas assez)
Nous avons beaucoup de haricots verts.
Nous n'avons pas assez de champignons.
Nous avons plus de haricots verts que de champignons.

1. tartes aux fraises (beaucoup) / tartes aux pommes (pas beaucoup)

_____

_____

_____

2. petits pains (pas beaucoup) / baguettes (assez)

_____

_____

_____

3. religieuses (assez) / éclairs (beaucoup)

_____

_____

_____

4. pâté (pas assez) / jambon (trop)

_____

_____

_____

5. saucisses (trop) / biftecks (pas assez)

_____

_____

_____

6. tomates (beaucoup) / oignons (pas beaucoup)

_____

_____

_____

7. framboises (assez) / cerises (beaucoup)

_____

_____

_____

8. farine (trop) / sucre (pas assez)

_____

_____

_____

D. **Un petit mot.** *(A note.)* You're organizing a party and it's your responsibility to see to the musical entertainment. Write a note to your friend to let him/her know what you can bring **(apporter).**

1. Explain that you have a lot of records and say which ones.
2. You also have cassettes of the latest songs.
3. You'll bring some videos, but you have to borrow **(emprunter)** a VCR.
4. Ask if he/she has a record player and a cassette player.

_____

_____

_____

_____

_____

_____

E. Jeu: Comment s'écrit. . . ? Use the cues provided to figure out the names of the foods.

If the word **salade de concombres** is written:

◑ ● ◔ ● ● ◒ ⊖ ◔ ○ ◑ ◔ ○ ◐ ⊕ ◔ ◔ ◒ ◔

and **tarte aux fraises** is written:

◐ ● ● ◔ ◒ ⊖ ● ⊕ ⊕ ◑ ◔ ● ◔ ◐ ◔ ◒

and **gâteau au chocolat** is written:

◑ ● ◐ ◔ ◑ ● ⊕ ● ⊕ ○ ◐ ◔ ○ ◔ ◔ ◔ ◑ ●

What are the names of the following foods?

1. ◔ ● ◔ ◑ ○ ◒ ◔

_____

2. ◒ ◔ ⊕ ● ◒ ◒ ◔

_____

3. ◔ ● ◔ ◔

_____

4. ◔ ● ⊕ ○ ◔ ● ◔ ◔ ◔

_____

5. ● ◔ ● ◔ ○ ◔ ◒ ◔

_____

6. ○ ◒ ⊕ ● ◐ ◔ ◔ ◔ ◔ ◔

_____